古典文獻研究輯刊

三九編

潘美月・杜潔祥 主編

第55冊

傳統中國：江南學專輯（上）

司馬朝軍 主編

國家圖書館出版品預行編目資料

傳統中國：江南學專輯（上）／司馬朝軍　主編 -- 初版 --
新北市：花木蘭文化事業有限公司，2024〔民113〕
目 2+158 面；19×26 公分
（古典文獻研究輯刊 三九編；第 55 冊）
ISBN 978-626-344-975-6（精裝）
1.CST：區域研究 2.CST：文集 3.CST：中國
011.08 113009892

ISBN-978-626-344-975-6

古典文獻研究輯刊
三九編　第五五冊 ISBN：978-626-344-975-6

傳統中國：江南學專輯（上）

主　　編　司馬朝軍
總 編 輯　杜潔祥
副總編輯　楊嘉樂
編輯主任　許郁翎
編　　輯　潘玟靜、蔡正宣　美術編輯　陳逸婷
出　　版　花木蘭文化事業有限公司
發 行 人　高小娟
聯絡地址　235 新北市中和區中安街七二號十三樓
　　　　　電話：02-2923-1455／傳真：02-2923-1452
網　　址　http://www.huamulan.tw 信箱 service@huamulans.com
印　　刷　普羅文化出版廣告事業
初　　版　2024 年 9 月
定　　價　三九編 65 冊（精裝）新台幣 175,000 元　　版權所有・請勿翻印

傳統中國：江南學專輯（上）

司馬朝軍　主編

作者簡介

司馬朝軍，上海社會科學院歷史研究所研究員、中國傳統學術研究中心主任、《傳統中國》主編、《文澄閣四庫全書》總編纂，原任武漢大學國學院經學教授、歷史學院專門史教授、信息管理學院文獻學教授、中國傳統文化研究中心研究員、黃侃研究所研究員、文獻學研究所副所長、四庫學研究中心主任、武漢大學珞珈特聘教授，此外還充任上海交通大學、湖南大學、湖北師範大學、衢州學院等校兼職教授。著有《四庫全書總目研究》《四庫全書總目編纂考》等四庫學系列著作，主編《辨偽研究書系》，此外出版國學系列著作多種。組織主持「經學論壇」與「江南學論壇」，主編學術集刊《傳統中國研究集刊》。

提　　要

　　本書為《傳統中國》之「江南學專輯」，收錄江南學會議的大會主旨報告收文 2 篇；第一場分組討論收文 4 篇；第二場分組討論收文 5 篇；第三場分組討論收文 6 篇；第四場分組討論收文 4 篇；末附「明清江南的人文世界」會議綜述 1 篇。此外，開設「悼念曹之先生專欄」，收錄訃告、唁電唁函、哀辭等，紀念當代傑出的文獻學大師曹之先生。

目

次

下　冊

讀《明史‧葉盛傳》
——明代士大夫的又一種典型

李　慶

　　明代歷史上有名的江南人士，葉盛可算一位。葉盛（1420～1474），字與中，號蛻庵，明江蘇崑山千墩鎮人。成化十年卒，諡文莊。

　　筆者早年知道葉盛之名，是因為他乃明代著名的藏書家，《菉竹堂書目》就是他家的藏書目。

　　後來讀《明史》和有關資料，方知葉盛不僅為藏書之人，實係明代中葉的一位幹才。參照《明史‧葉盛傳》等資料，考其生平事略如下。

一、面臨危難，勇於擔當的行政幹才

（一）面臨國難，勇於擔當

　　葉盛為正統十年（1445）進士，授兵科給事中。時方二十五歲。剛進入官場不久，就遇到了政界的大動盪。正統十四年，「土木之變」，乃十五世紀明代政壇上的一大事件。英宗皇帝在宦官等誤導下，冒失地親臨西北前線，結果被當時北方的瓦剌部族俘虜了〔註1〕。京城聞訊，人心惶惶。瓦剌部的兵馬又迫近北京。當此之際，年輕的葉盛，率同列公開上書，「劾將臣扈從，失律敗事，請誅之以謝天下」。要求「選將練兵」，「興師問罪」。堅持抗爭立場〔註2〕。和當時于謙等主政者一起，為穩定大局，起到了相當作用。

〔註1〕見明高岱《鴻猷錄》卷十《己巳虜變》（上海古籍出版社，1992年）、《明史紀事本末》卷三十二《土木之變》（北京中華書局，1987年）有關章節。

〔註2〕見《獻徵錄》卷二十六，彭時《葉公盛神道碑》。

景泰帝即位，頒賞在「土木之變」危機中有功廷臣，他卻以君主受難，國家正處艱難之時，辭而不受。

在抗擊了迫近京城之敵後，一些大臣的意見，主張把軍隊留守京城，他力爭曰：如果那樣的話，「京師雖守，不過僅保九門無事，其如陵寢何？其如郊廟壇（土遺）何？其如田里之民荼毒何？」堅持要力保邊關〔註3〕。顯現出在艱難時節，著眼大局，敢於擔當的性格。

（二）奔波西北東南，力行務實

「土木之變」後，在明代景泰、天順、成化年間，幾乎任何國家艱難處，都有葉盛的身影。根據《明史》本傳、彭時《神道碑》的記載，其大致簡歷如下：

景泰初，任都給事中。河南流民動亂，他前往處置。「安集陳州流民。」〔註4〕

景泰三年，西北邊患，被任命為山西布政司右參政，「督餉宣府」，負責糧餉，協贊軍務。景泰七年，以外艱去官。（《明史》本傳作「英宗復辟，盛遭父憂，奔喪。」）

天順二年，被起用為都察院右僉都御史，兩廣巡撫。天順五年，命葉盛征平海南賊。天順七年召回。天順八年，巡撫山西宣府。

成化三年，升禮部右侍郎。五年改為吏部右侍郎。六年，京畿內饑荒，受命賑恤貧困，綏輯流亡。八年，河套邊警，出安邊策。以吏部侍郎巡邊。九年為吏部左侍郎。顛簸一生，最後成化十年，卒於任上。時年五十五歲〔註5〕。

葉盛作為一位身體力行的官員，主要業績如下：

1. 西北，抗拒邊患。防備也先等外敵進犯

面對外敵的入侵，他不計一時短長，從長計議，做了如下的工作：

（1）收復被侵佔的「八城」，構築城牆，加以嚴備。

（2）整肅貪腐，裁減冗員，精練士卒。

（3）保障民生，「立社學以教化子弟，置醫藥以濟疾病。」

（4）因地制宜，屯墾自給。守邊重要的問題是官兵生活保障和軍糧的輸送，他採取了「屯墾」的方式，「請官銀五千兩，買牛千餘頭」，讓老殘的士

〔註3〕同上，彭時《葉公盛神道碑》。
〔註4〕《明史》本傳，第4722頁。
〔註5〕《明史》本傳。

兵,種田自給,餘量交官。

(5)進退有度,反對唐突冒進。成化八年,河套有警。或有言當大舉搜討者。葉盛權衡時勢,主張採取「收新軍以實邊,選土兵以助守」,與王越等築邊牆守邊,攻守兼顧,而不冒進。使得當時北部邊疆,稍得安寧〔註6〕。

直到後世,明代的官員仍認為其行政理財得當,當從其法〔註7〕。

2. 到南方,鎮壓反亂,安定兩廣

明代的南方邊疆,也多有動盪。葉盛受命前往巡撫。所採取的措置,除了「修飭邊牆」「修築屯堡」,黜去贓貪老耄等和西北相同者外,還有兩點特別值得注意:

一是注意到當地民族的特點,不事濫殺。明朝南方之民眾,因不堪欺壓,多次反亂。而朝廷往往派兵鎮壓。將士多有濫殺而冒功。葉盛前往,多加禁止〔註8〕。

二是到南方救災「均平徭役,痛折豪右」。他曾說:「予往年在廣中,有均平徭役,痛折豪右不禮答京官,不容生員,虐利膳錢等事,近復來邊,首飭邊牆壕塹數萬丈,次修築屯堡五百餘座,以及黜去贓貪老耄將佐等事,不過瑣瑣効職,亦所以扶植貧窮,保全地方之意。」雖遭非議,仍堅持行之〔註9〕。為保持邊境的安定,起到了相當的作用。

(三)大膽起用俊才,獎掖後進

為政者如何用人,如何選拔人才,是其自身人格的反映。葉盛在任中,獎掖人才,為15世紀中葉明代政壇上增添了一些比較正直有用之人。也顯現出他為人的一個側面。

據《明史》有關記載,天順初,葉盛為兩廣巡撫,任用歐信,天順七年,提拔陶魯,成化元年,都御史徵廣西時,任用提拔孔鏞、林錦等〔註10〕。

成化八年,支持王越〔註11〕。此外,還獎掖王鏊。史稱:王鏊年輕時,「侍

〔註6〕《明史》卷三百二十七《外國傳》,第8474頁。
〔註7〕《明史》卷二百五十八《吳執御傳》,第6657頁。
〔註8〕《明史》卷一百七十八《朱英傳》。關於這一點,史書載,當時有人指葉盛濫殺,而葉盛也不加辯解。
〔註9〕《水東日記》卷三十:「晦庵答王子令二書」(中華書局,1980年版。以下所引概同此)。
〔註10〕以上俱見《明史》,上述諸人本傳,第4640,4464,4600,4473頁。
〔註11〕見《明史》第4572頁。

郎葉盛、提學御史陳選奇之，稱天下士。」〔註12〕

他提攜的這些人士，或多或少，都留名於史冊，不乏為一時之才俊。

可見他是一位有擔當的人士。從政為官，頗有作為。

二、剛正不阿、坦蕩直言的政治品質

葉盛之所以能有如此作為，和他的政治理念和為人品質有關。毫無疑問，他是那個時代的人物，打著那個時代的印記。在他的理念中，以當時的于謙為同道，以宋代的范仲淹、文天祥為楷模。這從他在《水東日記》中有關的記載中可以看出。

（一）對于謙的態度

「土木之變」以後，于謙輔佐景泰皇帝，支撐了面臨危機的明王朝。後英宗復辟，那位「粉身碎骨全不怕，只留清白在人間」的于謙則被處死，他的子孫家人流落市間。

這樣「叛逆」的罪人家族，一般人或都或避之。但是，當時身仍在官場中的葉盛對于謙仍多關注。在《水東日記》中記載了不少有關的資料。

他說：「於節庵公舊居小蘇州巷。與予南比鄰。其自河南以大理少卿葬父回，始相識，一再往來〔註13〕。可見與于謙的交往由來。

在《水東日記》中記載于謙任河南、山西巡撫時，不事賄賂：「其入京議事，特不持土物賄當路。汴人嘗誦其詩曰：『手帕蘑菇與線香，本資民用反為殃，清風兩袖朝天去，免得閭閻話短長。』此在今日，尤可為當官者鑒〔註14〕。

還特地談到于謙的畫像：「於節庵養子於康，頗好聚圖畫。天順中自邊宥還，將以節庵柩歸葬於鄉。一日無聊中坐裱褙巷人家，見賣畫人負數軸來，呼而取觀之，則兩軸者節庵夫婦畫像也，納微價而得之。初，節庵家圖畫皆被籍，自分不可得矣。蓋同時籍入者，太監盧永後被旨宥免，籍物皆給還，兩畫像乃誤給還盧氏物也。若于氏有此事，不亦一奇幸哉！」〔註15〕

雖說于謙在成化初平反〔註16〕，但是上述事情若平時不加關注，不留意

〔註12〕《明史·王鏊傳》。

〔註13〕《水東日記》卷二十六。

〔註14〕同上書，卷五。

〔註15〕同上書，卷二十七。

〔註16〕《明通鑒》卷三十「成化元年二月」「成化二年八月」記事。中華書局標點本，1982年。

在心，恐也如過眼雲煙，而特意記入《水東日記》，更表明了他的態度。他在理念上，和于謙有共鳴之故。

這樣的理念，上承文天祥。還是《水東日記》的記載：有一官員持文天祥的畫像求葉盛題款，他見上有于謙題的贊詩，錄之如下：

> 嗚呼文山，遭宋之季，（狗）〔殉〕國忘身，捨身取義。氣吞寰宇，誠感天地。陵谷變遷，世殊事異。坐臥小閣，困於羈繫。正色直辭，久而愈厲。難欺者心，可畏者天。寧正而斃，不苟而全。南向再拜，含笑九泉。孤忠大節，萬古攸傳。我瞻遺像，清風凜然。〔註17〕

近年有關文天祥、于謙的研究中提及此事，實有賴五百年前葉盛之力。

《姑蘇志》在談到葉盛時，認為他「力行好古，清修苦節，慕范文正之為人。」〔註18〕這又上溯到宋代范仲淹。

這樣的理念，是我國歷史上的一種值得發揚的傳統。可為當政者鑒。

（二）這種理念在現實中表現為在政壇上敢於面對事實、坦蕩直言的品質

景泰初，政壇變動。應該說，葉盛在穩定當時大局，擁立景泰帝時曾臨危用命。（已見前文）但是，他並未因此而居功自傲，謀取私利。在許多重大問題上，依然敢於為天下先，秉公直言。

景泰元年八月，英宗從北方回京，當如何對待，這涉及對兩位君主的態度。對於在朝的臣下來說，是很棘手的事情。史載，有匿名書言「應復」事，大臣見之，多顧忌不敢舉。葉盛直言，當進〔註19〕。在伴君如伴虎的專制時代，此事涉及稍有出入，關係九族生死。葉盛之所為，堪稱難得。殆其無私，故無所顧忌也。

當時，「京衛武臣及其子弟多驕惰不習兵，盛請簡拔精壯，備操守京城。勳戚所置市廛，月徵稅。盛以國用不足，請藉其稅佐軍餉。」都是損權貴而益民之舉。〔註20〕

此外，景泰元年，打抱不平，與耿九疇不和〔註21〕；景泰二年，支持何

〔註17〕《水東日記》卷二十六。
〔註18〕陳田：《明詩紀事》「葉盛」條，上海古籍出版社，1986年。
〔註19〕《明史》卷一百六十九《胡濙傳》，第4536頁。
〔註20〕《明史》本傳，第4722頁。
〔註21〕《明史》卷一百五十九《耿九疇傳》，第4321頁。

觀，彈劾尚書王直〔註22〕；都是直言之例。

更有意思的是對章綸。

章綸也是個敢言之人。在景泰年間，因與葉盛關係頗佳的林聰等上書直言，被景泰帝入獄責杖。天順元年，被英宗復用。按理，他和葉盛在政治態度上相似，應有較好的關係。但章綸之子冒充籍貫考試，被劾。英宗「命侍郎葉盛勘之」「既而盛等勘上，玄應（按：章綸之子）實冒籍。」也就是說，讓葉盛核實。而他也就如實以報，不殉私情，不講面子〔註23〕。由此可見其為人之一斑。

或許正因為如此，鋒芒袒露，故未被主政大臣看重。所以仕途一直徘徊，連尚書都沒有做到，僅以「侍郎」終。

史載，在景泰和天順間一度執掌權柄為首相的李賢，他與葉盛的關係就很微妙。具體情況容另文考證。後來史家在評論李賢時，稱「其抑葉盛，擠岳正，不救羅倫，尤為世所惜云」〔註24〕。這也從另一方面顯現出對葉盛的首肯。

然而，這樣一位直言的文人，在多有動盪的政壇上，卻也沒有遭受滅頂之災。天順初，英宗復辟，景泰被信用者，多被清洗，而葉盛卻仍受任用。雖說未入閣，但也沒有過於遭殃，也算幸運了。除了他的實際能力外，那種坦誠直言、不偏不黨的政治素質，恐也是一個原因。

三、勤奮攻研，善加彙集的收藏特色

葉盛在後代的歷史上出名，不是因為他當過「侍郎」級的官員，而更多是由於他勤奮攻讀，善加收藏，是一位有特色的文獻收藏家。

作為獨特的藏書家。葉盛自稱：「為冊四千六百有奇，為卷二萬二千七百有奇。」他認為：「書積矣，徒能讀之而不能知其孰為醇疵得失，憒無所得於其心；不知孰為善而可行，孰為不善而不可行，非書也；得之而不能體之於身，不能見之於行，非書也；或者志於衣服飲食之末，貧則至於鬻書，而為之又甚；而或假讀書之名以益其輕薄浮誇之過，使人見之曰，此故讀書家不肖子弟，為書之累大矣。是又不若不識字不能讀書者之為愈也。」〔註25〕

〔註22〕《明史》卷一百六十二《何觀傳》，第 4407 頁。

〔註23〕《明史》卷一百六十二《章綸傳》，第 4412 頁。

〔註24〕《明史》卷一百七十六《李賢傳》。

〔註25〕《菉竹堂書目序》《明代書目題跋叢刊》，北京：書目文獻出版社，1994 年，上冊，第 889 頁。

王世貞《菉竹堂記》：「升平無他嗜好，顧獨篤於書，手自抄錄，至數萬卷。」〔註26〕葉盛曾欲建樓，庋藏圖書，取《衛風‧淇奧》「瞻彼淇奧，綠竹猗猗。有匪君子，如切如磋，如琢如磨」，所謂「學問自修」之義，名其藏書之所為「菉竹」。葉盛並曾編有《菉竹堂書目》，此書目，近年北京圖書館曾影印出版。而實際上，直到他的孫子一代才建成菉竹堂。

葉盛的藏書有幾個特點：

其一，重視金石碑版

自兩廣為巡撫歸，行李簡單，卻收羅碑刻三大篋，題為「五嶺奇觀」。所藏歷史上有關金石的典籍，如《金石錄》，《隸釋》，《古刻叢鈔》等藏書，明清時代，在學者間轉借傳抄。〔註27〕

清中葉的黃丕烈、顧廣圻等多重視之。如《金石錄》，顧廣圻云：「葉文莊手鈔首尾兩頁本……中、後有二跋者最善。」〔註28〕

張元濟《涉園序跋集錄》稱：「趙明誠《金石錄》三十卷，宋槧久亡，世傳抄本，以菉竹堂葉氏抄本為最善。」可見葉文莊所收集的碑版對後世的有關研究的影響。

其二，重視經世大臣著述的收集

其中最有代表性的是對《司馬溫公傳家集》八十卷，廣集文本，積二十年之久，方才彙集而成。此外還有危素《說學齋》三十卷，也是如此。

其三，注重疆域地圖等的收集編著

《水東日記》卷十七載：釋清濬《廣輿疆里圖》「予近見《廣輿疆里》一圖，其方周尺僅二尺許，東自黑龍江西海祠，南自雷廉特磨道站至夕灘通西，皆界為方格，大約南北九十餘格，東西差少。其陰則清濬等二詩，嚴節一跋，因悉錄之。」〔註29〕

又曾收集《山西疆里圖》。類似有關記載不少〔註30〕。

這些反映了葉盛視野的宏闊。對於研究中國疆域的變遷，認識中國歷史地理學和世界觀念的發展變化，都是有價值的史料。

〔註26〕見王欣夫《藏書紀事詩補正》葉盛條下。上海古籍出版社，1989年。
〔註27〕《顧千里集》，中華書局本，2007年，第308頁。
〔註28〕《顧千里集》，中華書局本，2007年，第303頁。
〔註29〕《水東日記》卷十七。
〔註30〕《水東日記》卷三十二。按：弘治本「疆里」作「疆理」。

其四，手自抄錄，善加保藏

葉盛長年奔波在外，要得書籍，甚為不便。於是多雇人抄書。每成一書，必認真校閱，故其抄之本頗佳。錢大昕《江雨軒集跋》說葉盛：「服官數十年，未嘗一日輟書。」

他認為：「天地間物，以余觀之，難聚而易散者，莫書若也。」（《菉竹堂書目序》）所以特注重保存。曾寫過一段很有意思的《書櫥銘》：「讀必謹，鎖必牢，收必審，閣必高。子孫了了，惟學敩，借非其人亦不孝。」故葉盛死後一百多年，菉竹堂尚能「局鐍未疏」。

還有一件事應提一下，葉盛多藏書，但生活很簡樸。《明史》說他：「清修積學，尚名節，薄嗜好，家居出入常徒步。」〔註31〕也就是退休回家後，不坐轎騎馬，而是徒步而行。這在當時大概也是不多的。

菉竹堂的藏書，始於葉盛。在江蘇、浙江一帶，葉氏所藏之書一直為世間所重。直到他的裔孫葉九來，還在蘇州一代有名。如清代著名出版家汲古閣毛扆曾云：「文莊書甲天下。」〔註32〕

四、著述眾多，直抒性情的文學風格

作為文人，葉盛的文學活動也值得一提。

首先是他的著述，據《千頃堂書目》等的著錄，他的著述有：

《衛族考》一卷、《兩廣奏草》十六卷、《葉文莊公奏議》五十卷、《水東日記》三十八卷、《水東詩文稿》二卷《詩稿》二卷、《秋臺詩話》一卷、《菉竹堂稿》八卷等。頗為宏富，而至今還沒有完整的全集文本。

說到他的文學著述活動，還有幾件事當注意：

1. 對於前代唐人詩文集的收集

在《水東日記》，記載了一些葉盛對於唐代詩文的收集情況。他說，曾見到過唐人詩集凡八百餘種。他曾把收集到的唐詩，按照：臺閣，山林，江湖，邊塞，閨閣，神仙，僧釋，懷古，體物（元闕一類）等類型，分為十類。並收錄了認為有價值的收三篇序言。這對於研究唐詩在明代流傳情況和當時的唐詩觀有參考價值。

2. 對於當時文學的評述

〔註31〕《明史》本傳，第 4724 頁。
〔註32〕毛扆：《中吳紀聞跋》，引自《藏書紀事詩補正》。

如對於當時的詩人聶大年，《水東日記》云：「聶大年詩翰，著名一時。」又卷四：「聶大年詩，三十年來作家絕唱也，有文集若干卷。袁衷主事愛其《醉後跌起口占》詩云『老我不勝金谷罰，傍人應笑玉山頹』之句。」〔註33〕

還有張楷的記載。張楷，在明代前中期文壇上曾一度風雲，著述流傳到海外，而一下子又被推到文壇背後，被遺忘了數百年〔註34〕。在葉盛的《水東日記》中載：張楷「學優德贍，心平氣和，將託聲詩以觀己志。摘唐音中律詩絕句盡和之。」〔註35〕

這些都反映了15世紀上半葉中國文壇的一些情況。這對於研究這一時期的中國文學史，是應該重視的資料。

3. 自身的文學創作

葉盛本人，也是一位詩人、詞人，有作品傳世。

他的詞，直言道來，沒有文人做作氣味，現錄《全明詞》「葉盛」下的兩首〔註36〕：

一是述懷之作。《蘇武慢述懷》：

> 五嶺南來，依稀六載，統制曾兼兩鎮。赤腳疲氓，白頭老戍，幾度停車慰問。薦賢為國，除暴安民，績效竟無分寸。細思量，只好歸休，敢望致君堯舜。
>
> 不關他，世路崎嶇，人情翻覆，也有人生命運。逆旅猶存，民災未解，況乃德涼才鈍。得嗔如屋，任謗如山，管甚旁人憎怨。都只緣，聖主恩深，勉盡區區職分。

表現的是：忠君，盡職，為民，任怨任謗，歸休無求的精神世界。

一是頗通俗又具情趣的小令。《長相思憶弟妹嫁娶》：

> 才殺羊，又殺羊。丈人勸酒我敲糖，木瓜的六郎。
>
> 酒也香，菜也香。須勸哥哥醉一場，竹墩的小孃。

都文字直白，清新流暢。

〔註33〕《水東日記》卷四，卷五「聶大年警句」等條。關於聶大年，又見《明史》第7340頁。

〔註34〕關於張楷，可參見拙文《論張楷及其〈蒲東崔張珠玉詩〉》（南京師範大學文學院編《南京師範大學文學院報》第2輯，2002年9月，又見復旦大學中國古典文學研究中心編《中國文學的古今演變》，上海古籍出版社，2003年）。

〔註35〕《水東日記》卷二十六。

〔註36〕饒宗頤、張璋：《全明詞》，中華書局，2004年。

《明詩紀事》中錄有他的詩作。編者陳田以為「綜覽全集，七言近體風格遒上」。而考其詩多記為官風塵中所見之情，還是陳田說的對：「文莊碩德重望，不以詩名。」

特錄一首以備進一步考究。

《周教授挽詩》

記得南康城下過，相攜同上泛湖船。我無狂客一斗酒，君有冷官三十年。春樹暮雲傷遠別，春山碧水照新阡。客邊令子清如玉，坐對題詩思惘然。

明代詩歌，尤其明代前中期詩歌的研究，是一個還須進一步大力開拓的領域，有待來者。

五、結　語

總而言之，葉盛作為 15 世紀中期，在中國歷史上曾經有所作為的官員和文人，作為江南崑山地區重要的歷史人物，作為明代中葉士大夫的又一種典型，是值得文史研究者關注並加以研究的。這對於思考明清時代知識人的精神世界和生活方式，探討 15 世紀以來，中國之所以會在世界發展的大潮中落伍這個大問題，也不乏是一個很有意思的案例。

2013 年草

2014 年 3 月改

2019 年 9 月再改

族譜學對江南文化史研究的意義
——以全祖望《重修全氏族譜》為例

詹海雲

一、全祖望《重修全氏族譜》的重要性

正史、稗史、筆記、文集、方志、類書、政書等都是學術上重要的文獻資料。正史雖有專傳、別傳、合傳、史表、藝文志,以補人物或人物與事蹟記載的不足,但是它們還不免是吉光片羽。有些資料無法深入探討,更遑論要研究人物與事蹟在當時的交互關係和影響。此時,族譜學的研究就有很高且豐富的學術價值。

由於族譜學是中國宗族中最重要的文獻,故凡是修年譜、家譜、宗譜、族譜的家人莫不懷著不墜先人之緒的戰戰兢兢心情謹慎搜集文獻;另外此類著作都經歷時性的長期不斷修正、補充,所以它除了永懷家風、垂範後世子孫的家庭教育作用,也提供了許多學術史、社會史、文化史、政治史、風俗史等豐富的原始素材。

全祖望《重修全氏族譜》是對其家族由北方南遷及在江南繁衍發展的探討,其中牽涉了江南詩社、畫社、心學、家學、遺民、隱逸、君王外戚大臣的史料,不僅是移民史方志史,也是江南史的重要史料。《全氏族譜》始修於元代,初為 28 卷。明世宗嘉靖間 18 世孫全元立續修。明神宗萬曆間 20 代孫全天敘三修。清世祖雍正間 23 代孫全書(吟園)四修,清高宗乾隆間 24 代孫全祖望五修(見民國 24 年《浙江省鄞縣通志・輿地志・氏族表二》,第二冊 P.753,臺北:成文出版社),歷時五百年五位家族名人的反覆訂正續補,

使得《重修全氏族譜》的文獻價值日益增高。它不僅可以瞭解全祖望學術及人品的淵源，更可以補充南宋陸九淵到明代黃南山心學的空白，全祖望不喜邵廷采的學問原因以及浙江四明文風、節義和南宋末年的政治發展。

二、全祖望概述全氏家族風範

全祖望對自己的家族有很強烈的認同感，同時他一生的學術研究重點、著作方向及性情襟抱都可找出其先人的影子。全祖望曾說：

> 府君（全權，遷桓溪之始祖）而降，舊德綿綿。咸淳八徵士之高風，義田六宗老之篤行，本然、本心之理學，修齋墨梅漁隱之雅韻，侍郎之直聲，宮詹之清襟，非堂父子之奇節，先贈公之孤標，此門戶之所憑也。宗人其果能守之而不墜耶？[註1]

全祖望稱頌先人的「高風、篤行、理學、雅韻、直聲、清襟、奇節、孤標」，認為此是「門戶（按：此處指「家族」）之所憑」，要求「宗人守之而不墜」。但是這些先人，除全元立、全天敘於正史（《明史》）略提其名外，所有全氏之事蹟都是付之闕如。全祖望在其詩文中，屢屢對此表示遺憾，他說：

> （南宋理宗之母、度宗之後、福王之妃均為東浦全氏）嗚呼！當其盛時，不肯援洽陽渭涘之寵，以博一宮。及其亡也，戚戚於殘山剩水，是非百世之師耶？而況敦本睦族之行又如斯，然而考之志乘，樓、余以下諸家，皆得紀錄，而吾家缺焉。則以府君世德，不言而躬行，既未嘗為文以發之，歲久而易湮也。[註2]

此處所謂「敦本睦族之行」「不言而躬行」說明全氏家族身為南宋皇親國舅卻不擅權、不肯受封，實足為「百世之師」的另一門風。但是歷史對於在鄞縣居住已超過八百年之全氏，出現那麼多的節概、孝友、義行、文學、書法、繪畫、理學、仕績、隱逸、遺民、忠烈、閨風的可歌可泣事蹟的世家望族，卻沒有予以相當的正視。然而他們的言行，不僅關乎甬上（寧波）的文獻，且對浙東學術與宋元明理學的發展都有不容忽視的意義存在。所以，全祖望在《鮚埼亭集》內外編中寫了五十七篇[註3]，在《句餘土音》中又

[註1] 《鮚埼亭集外編》卷二十一，〈寶積庵記〉，第940頁。
[註2] 《鮚埼亭集外編》卷二十一，〈桓溪全氏義田記〉，第938頁。
[註3] 這五十七篇的篇名參見後附「全祖望詩文集中有關家族資料之文獻一覽表」。

寫了十首〈吾家故跡〉〔註4〕，一方面追思先德，做為自己為學做人的指南，一方面保存家族文獻，也就是為甬上保存重要地方文獻。因此，探討全祖望的家族史，不僅對研究全祖望思想有必要性，而且也可添補自魏晉以來浙東寧波史與江南文化史的空白，更可糾正許多對全氏家族以訛傳訛的錯誤。

三、全祖望論江左全氏與河北全氏

全氏世系，從董秉純（全祖望學生）所編〈全謝山世譜〉及全祖望的〈桓溪全氏祠堂碑文〉、〈東浦全氏祠堂碑文〉、〈重修桓溪全氏宗譜序〉、〈答族人祭始祖以下書〉、〈辨吾家啟東墓誌世系與厲樊榭〉知全氏一族可分為江左全氏、河北全氏及桓溪全氏、東浦全氏。至於吳下全氏則係偽託。寓杭全氏（全整一系）及翁洲全氏（全謙孫一系）則是桓溪全氏之別支。湖上全氏則是在全天敘時由桓溪遷至湖上。大抵而言，全氏家族是有鄞縣城內、城外之分。故以下論述則僅就江左全氏、河北全氏及桓溪全氏、東浦全氏立論。而為配合全祖望自述族譜的重點，將江左全氏與河北全氏合併說明。

全氏最早的祖先，有人認為全氏出於隗氏，或全氏本姓王，或先有全氏之名，其後改姓泉，或出於殷王高宗之後。全祖望說，以上皆非。他說：

> 吾全氏出自《周官》泉府之後，以官為氏，其後以同音通於全，據《國語》隗姓之分，亦有潞、洛、泉、余、滿五氏，然全氏之所出非隗也。或曰：「全之本姓為王，漢元後之族屬，以避新都之亂易姓，如輔果」，或曰：「殷王高宗之後為全。」先公考正世譜，謂二說皆無據。〔註5〕

接著又說：

> 全氏之著名於舊史者，自東漢桂陽太守柔始。其子大司馬錢唐侯琮，以勳伐起。孫吳尚主，於是江左戚里，莫如吾家。大司馬兄

〔註4〕 這十首的詩題篇名參見後附「全祖望詩文集中有關家族資料之文獻一覽表」。

〔註5〕 《鮚埼亭集外編》卷十四，〈桓溪全氏祠堂碑文〉，第848頁。按：據民國二十四年《浙江省鄞縣通志・輿地志，氏族表二》：「《桓溪全氏宗譜》二十八卷，肇自元代。明嘉靖間十八世孫元立修，萬曆間二十世孫天敘修，清雍正間二十三世孫吟園修，乾隆間二十四世孫祖望修。」（第二冊，第753頁，臺北：成文出版社）此處先公指全書，著有《重修桓溪全氏族譜》。至於全氏改為泉，全祖望說：「《舊譜》指《北史》諸泉為臨湘（全懌）之後，謂其改姓。不知全氏之由泉而改，非泉氏之由全也。」（同上）

子衛將軍永平侯尚，以王舅。諸子鎮北將軍都亭侯緒，以東關破魏功。臨湘侯懌，以襲父業。都鄉侯吳，以國甥。其餘如端、如翩、如緝、如靖、如褘、如儀、如紀、如熙，皆以侍郎、都尉、典兵宿衛，既而孫綝擅政（公元二五八年，丞相孫綝殺會稽王孫亮，立琅琊王孫休為景帝），壽春失援，臨湘與諸弟諸子入魏。永平（北魏宣武帝）誅權臣不克，遇禍。全氏始衰。至劉宋而光祿大夫孝寧侯景文繼之，至陳而水部郎緩繼之。孝寧以前多用功業起家，水部始以經術為《易》、《詩》宗。……臨湘之入魏也，諸子弟皆封爵，故河北全氏，不下江左。其後高齊有黃門侍郎元起。唐末有雄武節度使中書令師朗，王蜀（即前蜀）之勳臣也。又有金州防禦使師郁，仕孟氏（即後蜀），世為商洛豪宗。〔註6〕

由「孝寧（全景文）以前多以功業起家，水部（全緩）始以經術《易》《詩》為宗」，則經世功業與研治經學乃全氏家族之傳統。

其後，「入宋而商洛之族，阻兵被夷，而江左全氏復盛。蓋自吾始祖侍御府君（全權）上溯之至桂陽（全柔），其世二十有七。……府君之父中書令大賢，吳越時掌國政，至是尚存。」〔註7〕

自全柔到全權共二十七世，其中世系間斷未能盡知，雖然如此，以江左全氏、河北全氏之事蹟言，仍然是有資格稱為江南甬上望族。

四、桓溪全氏對全祖望的影響

全祖望是屬於桓溪全氏南宅的一支。〔註8〕全氏由錢塘遷居桓溪的始祖是全權，以下的世系則如下表：

〔註6〕《鮚埼亭集外編》卷十四，〈桓溪全氏祠堂碑文〉，第848頁。

〔註7〕《鮚埼亭集外編》卷十四，〈桓溪全氏祠堂碑文〉，第848頁。

〔註8〕《鮚埼亭集外編》卷十四〈桓溪全氏祠堂碑文〉。

全祖望桓溪全氏家族譜系
桓溪全氏地理變遷（會稽—桓溪—湖上）

代　數	迁移始祖	1	2	3	4	5	6
	*全大獻 --	*全權	*全鼎	○	○	○	全【王巨】
							*全禮
		全興【東浦全氏】	全姐				
7	**8**	**9**	**10**	**11**	**12**	**13**	**14**
*全宗顯	*全得信	*全昌世	*明五府君	*己一府君	*惟一府君	*南十二府君	*全旻
15	**16**	**17**	**18**				
*全乾	*全倫	*全文瑜	*全政				
19	**20**	**21**	**22**	**23**	**24**	**25**	**26**
	全少愚（宗人公）						
	全少戒						
	全少慢						
*全元立 -	*全少微（和州公）	*全天授（應山公） -	*全大和				
			全大科	*全吾騏 --	*全书 --	全祖蕭	
			全大程		全馥	*全祖望 --	文
	全天敘（宮詹公）--	全大訓（舍人）--	全美楠				*昭德
			全美樟				
		全大震（非堂先生）--	全美閎				
			全宗然				
	全天駿（思若）						
*宗正公	全天麟（泰徵）						

在上述的全氏先人中，全祖望引以為豪的事蹟有：

（一）藏書與抄書

全氏藏書較者名的有：全元立的阿育山房藏本、金少微的春雲軒、全天敘的平淡齋及全吾騏、全書、全祖望積三代研田之力而復得擁五萬卷的雙韭山房藏書。

一般藏書家都是購書而鮮少以抄書為藏書家的。全氏家族藏書則多靠抄書而來，這是十分特別的現象。全祖望曾如此述說他家藏書歷史。他說：

> 予家自先侍郎公（全元立）藏書，大半鈔之城西豐氏。其直永陵講筵，賜書亦多，所稱阿育王山房藏本者也。……先宮詹公（全天敘）平淡齋亦多書，……和州（全少微）春雲軒之書，一傳為先應山公（全天授），再傳為先曾王父兄弟（全大和、大科、大程）日積月累，幾復阿育王山房之舊。而國難作，盡室避之，山中藏書多，難挈以行，留貯里第，則為營將所踞。方突入時，見有巨庫，以為貨也。發視，則皆古書，大怒，付之一炬。於是予家遂無書。難定，先贈公（全吾騏）授徒山中，稍稍以束脩之入購書。其力未能購者，或手鈔之。先君（全書）偕仲父（全馥）之少也，先贈公即以鈔書作字課，已而予能舉楮墨，先君亦課以鈔書。嘗謂予曰：「凡鈔書者，必不能以書名。吾家自侍郎公以來，無不能書。……」吾鄉諸世家，

遭喪亂後，書籤無不散亡，祇范氏天一閣幸得無恙，而吾家以三世
研田之力，得復擁五萬卷之儲胥，其亦幸矣。〔註9〕

正因為家貧無力購書，遂以抄書作為藏書的主要來源。因此，雖逢兵厄，
書籍散亡卻能很快又抄聚成書，這在藏書樓史上也是很特別的，也啟示吾人抄
書也能成為藏書家。

因為抄書，所以全氏「無不能書」，全氏家族出現了不少書法名家（如：
全天麟以漢隸名，全大震以草書名，全天駿以行書名），也注意碑帖的鑒定與
摹寫（全祖望有〈天一閣碑目記〉及數十篇論碑的文章。其中〈天一閣碑目
記〉特別提及天一閣中所收藏之碑，明時無人過問，清初黃宗羲、徐乾學、萬
斯同、馮南　雖來天一閣抄書，但皆不及碑。因此，他的〈天一閣碑目記〉是
有關天一閣藏碑的第一部書〔註10〕。

另一方面，抄書是較購書十分辛苦的事，自然要有所抉擇。全祖望在〈抄
永樂大典記〉中說：

流傳於世者，概置之，即近世所無，而不關大義者，亦不錄。
但鈔其所欲見而不可得者，而別其例之大者為五。其一為經。諸解
經之集大成者，莫如房審權之《易》，衛湜、王與之之二禮。此外莫
有仿之者。今使取《大典》所有，稍為和齊而斟酌，則諸經皆可成
也。其一為史。自唐以後六史，篇目雖多，文獻不足，今採其稗野
之作，金石之記，皆足以資放索。其一為志乘。宋元圖經舊本，近
日存者寥寥。明中葉以後所編，則皆未見古人之書而妄為之，今求
之《大典》，釐然具在。其一為氏族。世家繫表而後，莫若夾漈《通
略》，然亦得其大概而已，未若此書之該備也。其一為藝文。東萊《文
鑒》，不及南渡遺集之散亡者，《大典》得十九焉。其餘偏端細目，
信手薈萃，或可以補人間之缺本，或可以正後世之偽書。則信乎取
精多而用物宏，不可謂非宇宙間之鴻寶也。〔註11〕

由此可知祖望抄書的取捨原則有三：（一）流傳於世之書不抄；（二）無
關大義者不抄；（三）事關經、史、志乘、氏族、藝文之書，可以補人間之
缺本，或正後世之偽書者則在抄錄之列。他希望能在「取精」之下，多抄錄

〔註9〕《鮚埼亭集外編》卷十七，〈雙韭山房藏書記〉，第886頁。
〔註10〕《鮚埼亭集外編》卷十七，第888頁。
〔註11〕《鮚埼亭集外編》卷十七，第889頁。

有用之書，以達到書籍「用物宏」的效果。

所以，全祖望的博學和其學術成就是與其「取精多用物宏」的抄書訓練十分相關的。從父親的督促抄書與藏書樓以全元立的別業「雙韭山房」命名，可見以抄書為字課兼具藏書功能的全氏家風對全祖望的深遠影響。

（二）直道而行，名節自勵

在全祖望的先人中，全元立是最被稱頌的先祖。他的主要事蹟有三：一是反抗嚴嵩迫害忠良，一是不肯為明世宗撰青詞，一是與萬鹿園（表）謙讓牌坊。關於反抗嚴嵩一事，蔣學鏞《甬上先賢傳》說：

> 全元立字汝德，登嘉靖十四年進士，授檢討，尋充經筵講官，冊封魯藩。前此冊使俱有饋遺，公獨卻不受。王重之。手題九山圖相贈曰：「此無玷太史裝也。」大學士嚴嵩方當軸，傾首輔夏言及楊、沈，諸人相繼赴西市，舉朝冤之，而莫敢言。公憤然曰：「使吾職臺諫，當以言爭。職廷尉，當以法爭。吾職史，獨董狐筆在耳。」作〈告天文〉，極陳諸君子冤狀，詞義慷慨，嵩聞而忌之。〔註12〕

這種「不畏權相，直道而行」的態度正是全元立一生的寫照。在全元立奏劾嚴嵩之後，明世宗詔令全元立撰寫青詞以祀天。這件差事，原是帝王拔擢大臣之恩惠，沒想到全元立竟婉辭。全祖望述說此事之經過，並稱頌其難能可貴的節操。

> 先侍郎（全元立）事永陵（明世宗），風節卓絕，適有詔入直西內草玄。侍郎以為不可，乃遜詞以母老，願南遷侍養。時同里袁文榮公（煒），應徙南院，聞侍郎之有此請也。亟祈要人，願得入直。侍郎即代之南，而文榮從此馴致大位。予考當時翰詹諸臣，鮮有不以青詞進者，但得入直，宮袍一品，立致要津。至南院，則左遷也。桂洲（夏言）以侍西苑得宰相，垂老不肯戴道冠，遂為分宜（嚴嵩）所擠。新鄭（高珙）屬華亭（徐階）求撰文，不得。既登揆席，因修怨焉。薦紳先生，幾莫能自重者。其時有陽明講學高弟，尚不能辭此席，特稍於其中寓諷諫，而時論已難之。南充陳文端公以卻桂洲代草青詞之舉，見重一時。則先侍郎之甘心於遠出，而翽然不淄，足與日月爭光也已。荊石作墓誌，略敘其事，而《明史》失之。〔註13〕

〔註12〕《句餘土音補注》卷三〈魏笏亭〉注。
〔註13〕《鮚埼亭集外編》卷十五，〈先侍郎笏銘〉，第860頁。

「皇帝詔曰」的壓力是大於宰相嚴嵩的排擠。更何況朝中諸臣、薦紳先生、陽明高弟都未能免俗應付，由此更見出全元立的「永不妥協」，是「足與日月爭光」。

第三件事是緊接而來辭官歸里與萬表謙讓牌坊。全祖望說：

> 前明都督同知鹿園萬公，以大將有功於倭亂，而為理學名臣。其論漕事，尤切中治道。蓋古今儒將中第一流也。都督第在城中新街，實與先侍郎（全元立）居毗連。鳴珂之裏，文武鼎盛，而以講學尤相睦。都督已登五府，養痾杭之西溪。先侍郎亦官至院長。時有部使者，為都督樹坊於街之兩偏。其西曰都督衛，其東曰錦衣里，成有日矣。適有自京師至者，語都督曰：「全學士以不肯撰青詞，改南院矣。」南院一席，本應慈水袁學士往，袁自請留撰文，而全代之南。」都督瞿然起，曰：「有是哉，學士之大節如此耶！」乃言於部使者，願以東坊讓之全氏。部使者以書來告，先侍郎曰：「此當道為萬公旌功也。鵲巢而鳩居，吾弗敢也。」亟為書以讓都督，而都督曰：「吾已言之矣。」是亦枌榆之佳話也。先侍郎終固辭不敢受，而都督亦遂並虛其西。坊不果上。至今此兩坊者，有雙闕巍然而無橫石，不知者或以為歲久而圯也。先侍郎《阿育王山房集》，今已闕佚，然尚有與都督論學書，及和其淮上諸詩。因思吾鄉前輩薦紳先生，能以學行相鏃屬，即讓坊一節，則都督樂善之虛懷，侍郎不苟之介志，皆可想見。陶公詩曰：「昔欲居南　，非為卜其宅。聞有素心人，樂與共晨夕。」斯之謂矣。〔註14〕

萬表樂善（樂全元立不肯撰青詞）之虛懷，全元立不苟（不苟且接受萬氏之美意）之介志，遂成為枌榆佳話。唯有素心（心思純樸）的人，才能言所當言，行所當行，依據不同情況選擇適當的直道。這一點也是全祖望在仕隱之間及反不反清與品評人物高低時的衡量準則。

全祖望的族祖全美樟「獨與兄弟講求佐王之學，尤以名節自勵，熟於史、三漢、南北朝、兩唐紀傳」。又勸張蒼水折節改行，勿沉迷於呼盧狂聚之中。其後張蒼水為督師，因感恩全美樟，乃以女妻美樟仲子。不久，蒼水殉國。美樟臨終書末命曰：「吾未得為蒼水延一線，汝曹當世奉其祀。」〔註15〕全美樟

〔註14〕《鮚埼亭集外編》卷二十一，〈崇讓里記〉，第944頁。
〔註15〕《鮚埼亭集外編》卷八，〈穆翁全先生墓誌〉，第757頁。

講王佐之學，又善於提拔人才，感化頑囂，對朋友的關懷，不僅終身不改，且至死不忘。全祖望稱讚他說：

> 嗚呼！太白（李白）之識汾陽（郭子儀），其與先生之識督師，皆出於風塵物色之外。一則為中興之元老，一則為窮島之孤臣。成敗不同，而其無愧為天地間偉人一也。〔註16〕

全祖望一生極重友朋交情，又深受族母（即張蒼水之女，全美樟之媳）影響，收集編纂張蒼水詩文、年譜，留意佐王之學，不可謂未受全美樟之影響。

全美閒為全大震之子，亦以名節自持。書法、繪畫均工，尤以畫馬聞名。其畫馬之藍本實出趙孟頫（松雪），以趙氏降元，故美閒羞提松雪，卻說：「吾師者，宋遺民龔聖予（橙）父子」，「其實聖予之馬世無傳者，侍御特重其人而已」〔註17〕。

全祖望的曾祖父全大和，本生祖全大程及祖父全吾騏，於明亡之後，一族二十四人一日盡棄諸生籍，隱居於東墅，時人對此有很高的評價，高隱學說：

> 謝皋羽棄其子行遯，終身不相聞問。鄭所南則無子，未若全氏之駢聚。〔註18〕

張其淦《明代千遺民詩詠》也說：

> 翳昔明社屋，四明多遺民。甬東聚忠義，鄞縣尤彬彬。全氏棄諸生，一日廿四人。況在世祿家，子弟沐國恩。大理與太常，金玉是友昆。眺彼東錢湖，亦有鱸與□。童墅最荒僻，萬山莽荊榛。遂誅宋玉茅，且塾林宗巾。有子肯偕隱，北空真超群。蘭陔潔佳膳，寢門問晨昏。皋羽棄其子，終身不相聞。所南無後嗣，未若全氏親。滄桑既變幻，富貴如浮。一門修汐社，吟罷同耕耘。孤山邂初子，千秋肅明禋。世代炳節義，宗佑多松筠。〔註19〕

全大和、全大程、全吾騏、全大震、全美閒、全美樟均與明末遺民往來頻繁，而美閒更身殉明朝。全祖望從他的先人與遺民的身上，發現一種天地的正氣，所以，表彰遺民，不使其泯滅，遂成為全祖望著作的主要特色。而全氏先

〔註16〕《鮚埼亭集外編》卷八，〈穆翁全先生墓誌〉，第757頁。
〔註17〕《鮚埼亭集外編》卷二十一，〈先侍御畫馬記〉，第947頁。
〔註18〕《鮚埼亭集外編》卷八，〈先曾王父先王父神道闕銘〉，第756頁。
〔註19〕《鮚埼亭集外編》卷十，第10頁，北京中國書店線裝書本。又見周駿富編輯《清人傳記叢刊》，（臺北：明文書局）

祖的重視品性，看重節義，更深深影響全祖望對人的好惡。

（三）淡泊自持，優游藝文

桓溪全氏在明朝，官位較高的有工部侍郎全元立，禮部侍郎全天敘。全元立彈劾嚴嵩，不撰青詞，自甘歸鄉奉養雙親。全天敘糾舉魏忠賢，返鄉與友人結真率社，舉林泉雅會，修桃花堤，以振興鄞地文風。全吾騏絕意仕進，不肯妄交，為思舊館八子之一。全大震、全天騏、全天麟、全美閒均擅書法藝術講節概。全宗然亦不求聞達，且有志節。隱逸成為全氏家族之主流思想。全祖望為全大震作墓誌銘說：

> 不屑大魁節更高，布衣何妨獨千古。〔註20〕

對祖父全吾騏則說：

> 肥遯之節，固窮之操。其身則厄，其道則高。〔註21〕

全祖望寧願做盛世逸民，也不願違己交病。而且這種隱於野之心，是「君子遯世無悶，不見是而無悶，確乎其不可移也」〔註22〕在全祖望的詩文集中也有許多題畫詩與碑帖文，他並於寧波再舉真率社，寫成《句餘土音》，於揚州主編《韓江雅集》，重視詩文的怡情功能，這都與桓溪全氏的家風有密切關係。

全書全祖望的父親，他與全祖望的舅舅蔣拭之都教祖望要博覽經史，讀有用之書，全書又重編《桓溪全氏宗譜》，要祖望善繼其志。更增補《宋元甬上耆舊詩》十六卷，希望祖望能留心甬上耆舊文獻，以後全祖望的百二十卷本《續甬上耆舊詩》就是在此一基礎上的繼承。此外，全大和、全吾騏、全書都有水經注的重校本，因此全祖望著名的《七校水經注》可以說是家學淵源下的產物。

五、東浦全氏與全祖望的互動情形

東浦全氏是從宋太宗時全權之弟全興算起，由於全興無子，全權遂以次子全相過繼。大抵而言，東浦全氏盛於南宋，至明稍衰。全祖望自號小泉翁，即因仰慕東浦全氏的全璧（字泉翁，號遯初子，為南宋末年月泉吟社之鉅子，與遺民謝皋羽唱和）而來。現將東浦全氏之重要且可靠世系列於下：

〔註20〕《鮚埼亭集外編》卷八，〈非堂先生墓碣銘〉，第755頁。
〔註21〕《鮚埼亭集外編》，卷八，〈先曾王父先王父神道闕銘〉，第756頁。
〔註22〕語出《周易‧乾卦‧文言傳》。

東浦全氏家族譜系
東浦全氏地理變遷（甬上—山陰）

代 數	迁移始祖	1		2	3	4
	全異	全姐	○	○	○	
5	**6**	**7**	**8**	**9**	**10**	**11**
全安民〔太保膚公〕	**全儔-**	全思敬 →	全昭孫(太师/和王)			
		全思正	全睦【寓杭 全氏】，号泉翁	○	全息耘(斯立)，以诗人名	
	全份(太傅/越王)	全思聪(潭州观察使)				
	全大中(太师/申王)	全昭孫-(初为全昭孙子，以再从子过继)	女【仁安皇后/度宗之妻】			
			全永坚(太尉/参政)			
	全大節(太师/榮公)	全純夫(少师/周公)	全槐卿(太府卿)			
		女【慈憲夫人(理宗之母)】				
		全清夫(少师/节度使)	全汝霖			
			全汝梅	全鼎孫 —— 全耆		
				全謙孫 —— 全濼		
				全晉孫 —— 全廖·		
				全頤孫		
				全整		
	全大聲					
	全大用(思受)					

東浦全氏對全祖望的影響有三：

（一）義田制度與敦本睦族

義田制度於北宋時有范仲淹及其子范純仁之推動，以廩鄉人之窮者。至於專以義田廩其宗人，在鄞縣有三家，最初為樓宣獻，其繼為余魯公，最後是全氏。它是由全菽和（汝梅）、四子（全鼎孫、全謙孫、全晉孫、全頤孫）一孫（全耆）三代六人，合力建置。

全祖望述說建置之過程說：

> 府君（全汝梅）……草創義田條約，仿諸家之例。其貧者計口計日而給之，婚嫁喪葬各有助，僅僅經始而卒，遺言諸子當成吾志。府君四子，……鼎孫與晉孫稍稍益之。頤孫、謙孫又以一頃益之。而鼎孫長子耆，……為踵益焉，共四頃，歷三世而大備。迨元至正二十五年，……申縣給牒，以杜他故。於族中會推賢者一人司之，曰義田局承奉。於是八宅之人，感府君之敦睦而無以謚之也，乃為呼之曰義田宗老。〔註23〕

在全祖望看來，東浦全氏的義田有四層涵義：（一）它由祖孫三代六人合力完成，可說是孝友的典範。（二）義田的面積由一頃增至四頃，代表善

〔註23〕《鮚埼亭集外編》卷二十一，〈桓溪全氏義田記〉，第938頁。

心不竭；（三）義田向官府立案，不僅產權清楚，而且也有客觀的監督者；（四）推選族中賢者一人，掌管義田，可以適時支持需要協助的族人。這樣的義田制度，在重視「敦本睦族之行」的全祖望來說，是一了不起的創建。但正史不載，志乘不錄，所以，全祖望要表彰它，而敦本睦族的義田正是儒家的理想落實在以血緣為關係的中國傳統社會結構中。義田宗老六公的篤行也是全氏家族的繼世風範。

（二）全氏學統與陸楊心學

義田宗老六公中的全謙孫（字真志）、全晉孫（字本心），「皆學於陳侍郎和仲之門，為陸文安公（九淵）、楊文元公（簡）私淑弟子。其再傳為黃南山（潤玉），明初大儒也」。〔註24〕，而此一學脈，不載於原黃宗羲所編《宋元學案》及《明儒學案》，四明的方志亦略去。

在全祖望看來，此一事實，有三層意義：（一）全氏家族治陸學的學統，應自全鼎孫開始；（二）鄞縣的陸學學脈，必須加此一段，才能將陳和仲與黃南山連接起來；（三）全謙孫、全晉孫研治陸學，從其字本然、本心與建置義田來看，他們是「儒苑中躬行君子」。唯有躬行本然之本心，才是真能繼承陸學。以後全祖望治經、治史、治理學、治文學都是從「本心」出發，以篤行為主。他也認為唯有如此，才能得陸九淵、楊簡之精華而去其不當之流弊。所以，全祖望在增補《宋元學案》時，特別將全鼎孫、晉孫二人置於習庵（陳和仲）門人之中。

（三）不假權勢，潔身自愛

在中國歷史上，上層政治動亂的禍源，往往來自外戚。所以，王應麟對外戚的評價非常差。雖然王氏是全祖望心儀的學者，但全祖望從東浦全氏身上，見出不是所有外戚都是攀附權勢，傾壓朝廷的。

依據〈東浦全氏祠堂碑文〉知：

> （全興）七傳為太保唐公安民，八傳為太傅越王份，九傳為太師申王大中，太師徐公大節，特進大聲。……申王子為太師和王昭孫，徐公子為少師周公純夫，少師節使清夫。和王子為太尉參政允堅，周公子為府太卿槐卿。是時理宗之母，度宗之後，福王之妃，皆出全氏。而申王再從子泉翁，以詩鳴，為月泉社中鉅子。宋亡後，

〔註24〕《宋元學案》卷七十四，〈慈湖學案〉。

節尤高。當是時,桓溪之全不顯,而東浦貴盛無比。〔註25〕

南宋理宗因感念外家教養之恩,不僅推恩於東浦全氏,更溯源桓溪全氏。但「桓溪諸祖,不欲攀外戚之寵,以邀恩澤,相約不出,有司高之。乃署其居旁之口曰鵲巢,以表焉」〔註26〕其後仁安皇后(度宗之妻)欲再推恩,東浦全氏的全清夫(官節使)即累疏乞休〔註27〕。全氏的高節與當時擁立有功的史氏、鄭氏、余氏及其後權臣賈似道相較,真有天壤之別。祖望將東浦全氏與桓溪全氏不攀附皇室,歸於能「審時度勢,知幾而作」及「循分畏天,克守滿盈」〔註28〕

桓溪、東浦全氏先祖的不慕富貴、不攀權勢。見幾而作,甘於隱遁。對全祖望的仕隱抉擇起了一定的參考作用。不然,祖望不會一再樂道此事。

六、結 論

全氏家族的族譜學研究著述,有幾種精神與體例值得後人修家譜族譜宗譜及地方史區域史的參考。首先,家人或族人中有文史與文化素養者,必須要有保存家族史料及發揚傳承家風的責任和義務。畢竟這裡有先祖的志業所在,也只有家族中人才會有不同於外人的特殊情感,並且也可以培養重視家族資料的輯佚工作,增進家族的向心力。其次,先人的墓誌與傳記、詩文、專集、著述要如全祖望般的用心尋訪收集(全祖望的著作中就有近70篇的吟詠先人的詩文著述)。再次,必須史料、遺蹤與族賢普遍走訪一遍,做好田野調查工作。最後,更重要的是要有分類裁剪及選擇史料的眼光,能如此,將可豐富族譜史、區域史(江南史)、文化史、社會史、經濟史、政治史的研究進展。

〔附記〕個人從事全祖望研究近30年,又四次前往全氏故里,並往來於月湖、東錢湖、四明山、天一閣、紹興、餘姚、杭州、揚州之間,遙想當年全祖望生平蹤跡。去年復蒙寧波全氏後人饋贈《全氏族譜》新著。故本文尚待詳細研究《全氏族譜》新著,再修正之。至於個人《全祖望詩文集新校注》修訂本與《明清之際浙東學術》新作成書後,相信必能更正疏漏之處,尚祈諒鑒。

〔註25〕《鮚埼亭集外編》卷十四,第850頁。
〔註26〕《鮚埼亭集外編》卷二十一,第937頁。
〔註27〕《鮚埼亭集外編》卷十四,〈東浦全氏祠堂碑文〉,第851頁。
〔註28〕《鮚埼亭集外編》卷十四,〈東浦全氏祠堂碑文〉,第851頁。

頗具特色的衢州古代醫學（提綱）

吳錫標

一、衢州古代名醫

衢州醫學家概況，有著述可考的名醫元代 2 人，明代 14 人，清代 15 人。史料見衢州方志中的《方技傳》，以及現存的各種醫學書籍。

楊繼洲字以行，西安人。明代針灸學家。有《針灸大成》傳世。

張文介字惟守，龍游人。有《金閨秘方》、《救急秘傳新方》、《製藥秘傳》、《醫要見證秘傳》傳世。

祝登元字茹穹，清初龍游人。重視養生之學。有《心醫集》、《醫印》、《醫驗》傳世。

陳塤字聲伯，西安人。道光間邑庠生。於天文、地理、算術、醫道均有心得。有《醫學四訣》、《痘科記誤》、《本草備要後編》、《經絡提綱》、《脈學尋源》、《傷寒類辨》。

雷煥然字春臺，號逸仙，西安人。道光辛丑，攜家僑寓龍游行道。有《雷逸仙醫案》、《方案遺稿》傳世，另有《醫博》、《醫約》

雷豐字松存，號侶菊，又號少逸，西安人。有《時病論》、《方藥玄機》等作傳世。

二、衢州古代具有特色的醫學名籍

衢州古代醫書概況。元代 3 種，明代 21 種，清代 31 種。

徐用宣《袖珍小兒方》。殷仲春《醫藏目錄》收錄。研究小兒疾病的專門之作。

　　張文介《金閨秘方》、《救急秘傳新方》、《製藥秘傳》。書稱「金閨」乃因許多內容涉及婦女外陰、生育等不便訴說之處，又有髮少、髮禿、狐臭、黑齒等有關婦女容貌或形象內容，書中有關美容之方。《救急秘傳新方》主要為婦科、小兒科救急之法，後為日常急症如自縊、水溺、中熱等。《製藥秘傳》相當於當今製劑，所製之藥包括某些成藥、需要特製或精製等藥品。

　　楊繼洲《針灸大成》。針灸學的集大成之作。

　　祝登元《心醫集》。卷六「靜功妙藥」，分醒語、八懿、前珍、九種四部分，集儒、佛、道靜心坐功之法於一，屬養生內容。

　　雷豐《時病論》。此書主張因時令而治時病，治時病而用時方。書成後，有陳秉鈞《加批時病論》逐條批註，何筱廉《增批時病論》重加案語，彭光卿《時病分證驗方》、《時病分證表》分列驗方和圖表，可見其影響。

三、衢州古代醫學的特點

　　1. 家族傳承明顯。明代西安劉氏家族，劉光大、劉咸、劉全備、劉仕聰世代名醫。明代西安楊氏家族，楊益、楊繼洲等為名醫。明代龍游張氏家族，張文介、張尚玄父子皆為名醫。清代西安雷氏家族。雷煥然、雷豐、雷大振。

　　2. 以儒醫為主體，重視醫德。醫德的事蹟詳見衢州方志中的《方技傳》。儒醫如元代徐泰亨，明代伍子安、張文介，徐日久、汪普賢，清代祝登元、陳塤、余鏘、雷煥然，或通經史，或有詩文著述。

　　3. 與衢州之外有交流傳承關係。鄭禮之弟子呂復，元明間醫家，徙居鄞縣。伍子安為御醫。張尚玄行醫於杭州、楊繼洲祖父為太醫，行醫於山西平陽、祝登元為錢謙益治病見效。雷煥然自閩來衢州，學於新安醫家程芝田。程曦學於雷豐。新安程芝田、程曦來衢州行醫。收到新安醫學和福建醫學的影響。

　　4. 既重視病理研究，又重視方驗和藥性研究。此作今可考衢州古代醫書之名，一見便之，可據這些醫書展開論述。

汪道昆與徽州文化史的「開元盛世」

耿傳友

為了說明徽州文化內容豐富，成就輝煌，人們常常會徵引王世貞（1526～1590）率三吳兩浙百餘人遊覽黃山，歙邑文人雅士與他們比藝鬥技之事。此事許承堯（1874～1946）《歙事閒談》有如下載錄：

> 汪印苔《歙浦餘輝錄》記申時行歸吳後，遊新安，……又載王弇州遊歙，過千秋里，訪汪伯玉，淹留數月。過潛溪，宿故友汪如玉家，贈以詩。又為如玉兄玕作傳。續稿中有《與南溟肇林社唱和》詩。……張心齋潮作《洪愫庵玉圖歙問序》亦云王弇州先生來遊黃山，時三吳兩浙諸賓客，從遊者百餘人，大都各擅一技，世鮮有能敵之者，欲以傲於吾歙。邑中汪南溟先生，聞其至，以黃山主人自任，僦名園數處，俾吳來者，各各散處其中，每一客必一二主人為館伴。主悉邑人，不外求而足，大約各稱其伎，以書家敵書家，以畫家敵畫家，以至琴、奕、篆刻、堪輿、星相、投壺、蹴鞠、劍槊、歌吹之屬無不備。與之談，則酬酢紛紛，如黃河之水，注而不竭；與之角技，賓或時屈於主。弇州大稱賞而去。〔註1〕

文中的「王弇州」就是王世貞。王世貞，字元美，號鳳洲，蘇州太倉人。他在後七子中聲望最顯，影響最大。《明史》稱：「世貞與李攀龍狎主文盟，攀龍歿，獨操柄二十年。才最高，地望最顯，聲華意氣籠蓋海內。一時士大夫及山人、詞客、衲子、羽流莫不奔走門下。」〔註2〕文中「以黃山主人自任」的「汪伯玉」「汪南溟先生」即徽州歙縣的汪道昆（1526～1593）。汪道

〔註1〕許承堯《歙事閒談》卷一二，黃山書社，2001年版，第413頁。

〔註2〕《明史》卷二八七《王世貞傳》，百衲本，浙江古籍出版社，1998年影印。

昆，字伯玉，號南明、南溟。他在文壇上一度與王世貞並駕齊驅，因二人都曾擔任兵部侍郎，遂有「海內兩司馬」之稱。[註3] 學術研究有時會大煞風景，這段讓徽州人揚眉吐氣的佳話存在諸多疑點，已有不少學者指出，王世貞率眾遊黃山與徽州文人雅士盛會的記載極有可能是虛構的。[註4] 不過也不能說這一傳聞完全違背事實：汪道昆的確多次邀約王世貞到徽州，王世貞自己亦有暢遊黃山的打算；說歙縣一邑的技藝之士可敵三吳兩浙，或許有些誇大，但當時歙縣的確是「人文鬱起，為海內之望，郁郁乎盛矣」[註5]，後人回望徽州這段歷史時，以至將其比作令人豔歎的「開元盛世」。[註6] 在明代隆慶、萬曆之際，徽州文化之所以呈現如此興盛的局面，與汪道昆關係甚大。汪道昆踏入仕途後有兩次家居的經歷：一是嘉靖四十五年（1566）自福建巡撫罷歸回鄉，四年後起撫鄖陽；二是萬曆三年（1575）從兵部左侍郎任上請告歸里，直至離世。在兩次家居期間，他組織豐干社、白榆社，提攜揄揚各類文化人士，為徽州社會和文化的發展作出了傑出貢獻。學界目前對此雖有一些研究，但多側重於某一方面的描述，總體把握相對薄弱，尚有可進一步探討的空間。故草為此篇，以就教於相關研究者。

一、「新都有詩自司馬始」

前引《歙事閒譚》所載錄王世貞率三吳兩浙百餘人遊黃山，而以汪道昆為首的徽州文化人群體可與之匹敵的傳聞，實有借王世貞以抬升徽州地位的嫌疑。其實若翻閱王世貞的文集，不難看出，他毫不掩飾對「貴素封」的徽州的輕視，下筆時常常譏彈徽州人。如他在為徽州休寧人汪淮（1519～1586）的詩集作序時云：「夫隆、萬之際，王者之跡著而詩昌。子之郡而有能言詩者，則天下無不言詩者矣。」[註7] 在《潘景升詩稿序》中，他開頭就說：「歙故未有詩，有之，則汪司馬伯玉始。」[註8] 對於王世貞的上述說法，汪道昆在《汪禹乂集序》中有回應，他認為王世貞「以負俗多禹乂，嘐嘐然少吾鄉」，

〔註3〕 汪道昆《吳母徐孺人傳》，《太函集》卷三八，黃山書社，2004 年版，第 821 頁。

〔註4〕 參見周穎《晚明疑案：王世貞率吳越百餘賓客暢遊黃山事真偽辨》，上海交通大學學報（哲學社會科學版）2018 年第 2 期。

〔註5〕 萬曆《歙志·風土》，明萬曆刊本。

〔註6〕 許楚《甲午七夕偕舊遊諸子重修白榆社事分得七言古體》，《青岩集》卷二，清康熙刻本。

〔註7〕 王世貞《汪禹乂詩集》，《弇州山人續稿》卷四三，影印文淵閣四庫全書本。

〔註8〕 王世貞《弇州山人續稿》卷五一。

並將王世貞「歙故未有詩，有之，則汪司馬伯玉始」轉述為「新都有詩自司馬始」，並謙虛地表示：「不佞掩耳而走，何敢與聞。城陽仙也而詩，紫陽儒也而詩，何無詩也。」〔註9〕而接下來的表述則非常耐人尋味：

> 藉令一當元美，遠之必風雅，必江潭，必河梁，必鄴下，必李必杜，必開元。近之必濟南，必北地而後稱良，則風雅以迄開元，大江以南董董耳。元美崛起，庶幾乎千古一人。不佞一唉之未遑，其何以張吾郡？……元美衡石古今，獨目新都而屬不佞。不佞非能詩也，庶幾乎可與言詩也與哉？

顯然，這裡有為後人所詬病的相互標榜、相互吹捧的嫌疑。王世貞很快就讀到汪道昆這篇序文，似乎很滿意，在《汪山人傳》裏大段引用。〔註10〕

王世貞對徽州詩人的輕慢引起了強烈反彈，詹景鳳對此曾有針對性的論述：

> 前郡人汪太學求司寇敘其詩，中有云：「使新安人而能詩，則天下無不能詩者矣。」近又敘新安一少年詩，則首之曰：「歙無詩，至伯玉而有詩。」夫今世所稱詩宗者，非唐耶？唐以吾休寧人吳少微為正始，其子吳鞏又與吾家老礎相後先掩映。迄宋，則諸君子多遊理窟，至如吾元晦感遇諸什，彼司寇五六公有能過之者？不即如吾家學錄、詠懷諸篇，亦酷似陳伯玉。又其時，吾休寧有吳儆兄弟，以詩文著天下，人以為與蘇氏同稱曰「眉山三蘇、江東二吳」。吳後，歙又有羅鄂州兄弟。至入國朝，而吾家太宰，長歌依稀供奉。成、弘間，吾休寧克勤學士又以天下詩文著，蓋實開獻吉之基。獻吉起，而姑蘇始有徐昌穀、黃省曾。維時，吾歙、休亦有程自邑，假令自邑而無詩也，則獻吉何以曰「黃子吾真畏，程生爾更奇」哉？繼程則吾休有陳山人達甫、吳司訓瑞穀，歙有方司徒定之、江左轄民瑩、王山人仲房，皆鑄詞漢唐，多可傳述。後十五六年，而司馬伯玉生歙，詩果誰始乎？〔註11〕

詹景鳳列舉了吳少微、吳鞏、吳儆兄弟、朱熹、詹初、羅願兄弟、詹同、程敏政、程誥、陳有守、吳子玉、方弘靜、江瓘、王寅等徽州歷史上的著名詩

〔註9〕汪道昆《太函集》卷二三，第501～502頁。

〔註10〕王世貞《汪山人傳》，《弇州山人續稿》卷七九。

〔註11〕詹景鳳《攤藻下》，《詹氏性理小辨》卷三八，四庫存目叢書子部第112冊，齊魯書社，1996年影印。

人，實可看作是明萬曆之前的徽州詩歌發展簡史。詹景鳳有些論述在今天看來仍然很有參考價值，如他所說的「至如吾元晦感遇諸什，彼司寇五六公有能過之者」，把朱熹的文學成就置於王世貞等復古派文人之上，就很有見地。詹景鳳大概意識到自己可能誤解了王世貞的意思，接著說：

> 或曰：「司寇意非貶歙也，欲躋己於吳士上，故乃先躋伯玉，謂『吾兩人闢二郡洪荒也』。」此或信然。然當時天下實靡有能出兩公上者，假令司寇不言，人更望洋不見涯涘。

很顯然，詹景鳳雖對王世貞貶低徽州詩人的說法不滿，但其實他對王世貞和汪道昆還是極為尊崇的，將二人視作天之日月，同置於當時天下詩人之上。

在汪道昆之前，徽州詩歌的整體成就到底如何？在徽州詩歌發展的歷史中，究竟該如何定位汪道昆？若要回答這一問題，不能不先對徽州詩歌發展的整理狀況略加考察。

日本宮內廳書陵部收藏有汪淮《汪禹乂集》，共 8 卷，書前有汪道昆《汪禹乂集序》，文後有「萬曆丙戌正月望日」，知該序作於萬曆十四年（1586）。〔註12〕汪道昆在《序》中提到「其後三十年，不佞一暎無聞，兩君子之集遞成，懸書國門有日矣」。〔註13〕根據文中的線索，兩君子顯指陳有守和王寅，「兩君子之集」自然指的是陳有守等編纂的《徽郡詩》和王寅編纂的《新都秀運集》。《徽郡詩》初刻於嘉靖三十九年（1560），共收作者凡 146 人，計詩 754 首，其「凡例」云：「郡詩上自國朝，下至今日，凡有稿見示可錄者錄之。」〔註14〕故該集顯示了從明初到嘉靖徽州詩歌創作的大致面貌。《新都秀運集》選錄了明代弘治、正德、嘉靖三朝 104 位作者的 321 首詩。〔註15〕在這兩部總集之前，程敏政編纂有《新安文獻志》，該書分甲、乙兩編，共 100 卷，收錄文凡 1087 篇，詩 1034 首，可以說是弘治以前徽州地域的文獻總匯。〔註16〕這三部總集所收詩歌大體展示了汪道昆之前徽州詩歌的面貌，前述詹景鳳所提及的徽州詩人，大體不出它們所收錄的範圍。王世貞《潘景

〔註12〕 參見黃仁生《日本現藏稀見元明文集考證與提要》，嶽麓書社，2004 年版，第 174 頁。

〔註13〕 汪道昆《太函集》卷二三，第 501～502 頁。

〔註14〕 陳有守、李敏、汪淮《徽郡詩》，四庫存目叢書補編第 22 冊。

〔註15〕 王寅《新都秀運集》，清康熙刻本，首都圖書館藏。

〔註16〕 參見何慶善《點校前言》，程敏政《新安文獻志》卷首，黃山書社，2004 年版。

升詩稿序》在說「歙故未有詩，有之，則汪司馬伯玉始」時，是否瞭解徽州詩歌發展情況無法求證，不得而知，汪道昆在寫《汪禹乂集序》時，他顯然是大體瞭解之前徽州詩歌發展歷史的。汪道昆提到了許宣平和朱熹，說前者「仙也而詩」，後者「儒也而詩」。實際上，許宣平留存的作品不多，其聲名主要是由於李白的尋訪而建立起來的，而朱熹詩歌創作的成就被他作為理學家的赫赫聲名所遮掩，並不能算真正的詩人。換個角度說，汪道昆在說「不佞掩耳而走，何敢與聞。城陽仙也而詩，紫陽儒也而詩，何無詩也」時，他潛意識已將自己立於同時代其他徽州詩人之上，謙虛中實有自信，甚至可以說是自詡，對王世貞「衡石古今，獨目新都而屬不佞」，他從心底大概是認同的。

其實這並非汪道昆缺乏自知之明，也是同時代很多人的看法。就汪道昆《汪禹乂集序》所推許的程誥、陳有守、王寅和汪淮來說，汪道昆最初在詩歌創作上確實不及他們。汪道昆早年以功業自期，不暇於文學，在《豐干社記》中他曾遺憾地說：「不佞故不能詩，僅以經術進，五十將至，猶然無所成名，此好竽之屬也。」〔註17〕在程有守等編纂的《徽郡詩》中，程誥選了55首，陳有守選了56首，王寅選了39首，汪淮選了64首，而汪道昆只選了12首；稍遲編纂的《新都秀運集》對汪道昆有所重視，也只選了5首，而程誥選了13首，編者王寅顯然更推重程誥。〔註18〕隨著時間的推移，汪道昆詩歌創作水平有了很大提高，所取得的成就獲得越來愈多的肯定，如對詩歌創作頗為自負的陳有守（1497～1577）一次在酒酣耳熱之際呼曰：「天乎天乎，斗牛之墟，彈丸地耳。既生伯玉，何復生余？」〔註19〕胡應麟《吳子德符詩序》則明確提出「新安詩派」的概念，並以汪道昆為「典型大雅」：

> 新都詩派肇自許宣平，李供奉讀其「靜夜明月」「穿雲翠微」二詠，至以為神仙歷千餘載。而汪伯玉以閎深燦異之才，壁立嘉隆諸子之際，風骨凌然，典型大雅。重以兼收廣納，流壞靡遺，一時彬彬，家隋珠而人和璞。蓋司馬之勳，於是為烈，而詞場接踵，有指不勝屈者矣！〔註20〕

更重要的，是在評價汪道昆的詩歌創作時，很多人已不再限於徽州地域，

〔註17〕汪道昆《太函集》卷七二，第1482頁。
〔註18〕參見牛颺《王寅及其詩歌研究》，安徽大學2015年碩士論文。
〔註19〕汪道昆《太函集》卷一二，第251頁。
〔註20〕胡應麟《少室山房集》卷八十一，影印文淵閣四庫全書本。

而是在全國視野下予以定位。屠隆萬曆十年前後致書汪道昆：「今天下文章屬之琅琊與先生，若麟鳳之為百獸長，滄海之為百谷王，千秋之名終歸焉。」〔註21〕畢懋康《太函副墨序》說：「國朝文章家斌斌代起，若搴大將旗居然主壇坫者，則歷下、弇山、太函其雄也。」〔註22〕歷下指的是李攀龍，弇山指的是王世貞，太函即汪道昆。將汪道昆與李攀龍、王世貞鼎足而立，這是之前其他徽州詩人所無法望其項背的。

二、「齊盟狎主有新安」

　　如果說從創作實績的角度將汪道昆置於徽州其他詩人之上尚有爭議的話，而從文學影響和貢獻的角度則會較少有爭議。徽州號稱「東南鄒魯」，文風昌熾，宋元以來儒學相對發達，但文學不但不發達，而且明顯滯後。〔註23〕進入明代中葉以後，隨著徽商的崛起，徽州文學也逐漸活躍起來，文人結社漸成風氣。吳子玉《汪禹乂詩集序》說：「余謂邑自正德前可謂質敝矣，大雅之寶未開。至嘉、隆之際，都市丘里，詩有詩社，字有書社，熙妙彬彬，華采燁如。」〔註24〕吳子玉所說的是休寧一邑的情況，整個徽州也大體如此。徽州文人結社的興起在嘉靖、隆慶之際，在此之前的一百多年間，徽州地區的文學活動並不活躍。在汪道昆組織豐干社、白榆社之前，徽州影響最大的當推天都社。鄭玄撫《社集天都峰下》說：

> 我生之辰何落落，傷哉王風久不作。當時爭說李何賢，而今亦
> 已成寥廓。此道久衰難竟陳，邀朋乃作天都行。一時冠蓋搖山嶽，
> 由來勝地產豪英。予愧當年薄劣者，相從共結芝蘭社。上窺六府探
> 幽玄，下超八代追風雅。狂來一倒白玉觥，飄然兩翼凌風生。漫書
> 數字大如斗，高掛霞州十二城。〔註25〕

　　天都社成立於嘉靖壬寅（1542）九月九日，參加者有陳有守、王寅、鄭玄撫、程誥、程應軫、江瓘、江珍、佘震啟、汪瑗、王尚德、方大治、方霆、方

〔註21〕屠隆《與汪司馬伯玉》，《白榆集》卷一一，明萬曆刻本。

〔註22〕汪道昆《太函副墨》卷首，崇禎刻本。

〔註23〕參見韓結根《明代徽州文學研究·總論》，復旦大學出版社，2006年版，第3頁。

〔註24〕吳子玉《汪禹乂詩集序》，《大鄣山人集》卷五，四庫全書存目叢書集部第141冊。明代徽州文人結社的具體情況參看耿傳友《明代徽州文人結社綜論》，安徽大學學報（哲學社會科學版）2012年第3期。

〔註25〕潘之恒《黃海·紀遊》卷五《天都社詩》，四庫全書存目叢書史部第230冊。

弘靜、鄭銑、鄭懋坊、鄭默等十六人。〔註26〕這些徽州的「豪英」在李夢陽、何景明主導的文學復古運動「已成寥廓」之際結社天都,實有接續和發揚復古之意。因此,天都社實可看作以李夢陽為代表的復古思潮在徽州的餘波回瀾。天都社的這次社集非常成功,為一時之盛世,但由於天都社的成員均為徽州本地人,其影響也基本限制在徽州本土,且僅舉行一次活動便風流雲散了。

隆慶四年成立的豐干社,是汪道昆作為詩壇群體性活動組織者的首次亮相,參加者有汪道貫、汪道會、陳筌、方策、方簡、方宇、方用彬、謝陛、程本中、吳守準、方於魯、潘之恒等。與天都社一樣,豐干社也是一個地域性很強的詩社,除汪道昆外,豐干社成員的文學成就與知名度都不高,但確實推動了徽州詩歌活動興盛局面的形成。屠隆《方建元傳》對此有具體的描述:

> 時司馬公執中原牛耳盟,海內修辭之士,蜂湧歸命。其二弟仲淹、仲嘉,文采朗射,塤篪協律,而建元諸君並以雄俊佐之,雅道大暢。議者謂鄴中何必減鄴下,司馬兄弟,如曹子桓東阿麗藻絕代,而建元諸君,如應劉陳徐輩,各把一麾,同登壇坫,盛矣盛矣!〔註27〕

把以「三汪」為中心的豐干社和以「三曹」為中心的建安文學集團相提並論,或許有些誇張,但豐干社的成立,確實有助於擴大汪道昆和徽州的文學影響。

而萬曆十一年汪道昆主持的白榆社則是一個引領時代文學風尚、具有全國影響的文學社團。白榆社是一個開放性很強的詩社,先後入社的成員有龍膺、郭第、汪道貫、汪道會、潘之恒、佘翔、丁應泰、陳汝璧、李維楨、朱多炡、沈明臣、章嘉禎、周天球、徐桂、屠隆、俞安期、呂胤昌、吳稼蹬、胡應麟、張一桂等。與天都社、豐干社相比,白榆社參與者的地域範圍寬廣的多,文學成就、知名度也高很多,他們頻繁的唱和造成一種很強的聲勢,引起了極大的關注。〔註28〕周弘禴《白榆社草序》說:

> 夫諸君者博雅名儒,即專制一方,尚足以稱雄。矧左提右挈,並力同聲,則稷下之談、鄴中之會不足侈也。以故天下騷客詞人,咸跂望白榆之社。往者徐茂吳與余言之梧州,而余亦脈脈焉心動矣。〔註29〕

〔註26〕參見陳有守《天都社盟詞》,潘之恒《黃海·紀遊》卷五《天都社詩》。

〔註27〕方建元《方建元集》卷首,四庫全書存目叢書集部第146冊。

〔註28〕參見耿傳友《汪道昆與明代隆慶、萬曆間的詩壇》,《中國文化研究》2006年冬之卷。

〔註29〕轉引自黃仁生《現藏稀見元明文集考證與提要》,第286頁。

「脈脈焉心動」的並非只有同時代的周弘禴，在汪道昆去世的六十一年後，許楚（1605～1676）重修白榆社，他在《甲午七夕偕舊遊諸子重修白榆社事分得七言古體》中寫道：

> 天下憐才號無匹，太函一顧身扶搖。歸來開社白榆麓，名流麕至紛舟艘。蘭江孝廉楚大泌，目中淹貫誰其儔。緯真東海亦飆集，滑稽之雄豈易邀。敬亭兩梅歃王謝，布衣風雅存松喬。豐干髯翁誇小友，家門二仲神超超。金鐘大鏞忽並作，剡藤湘管生絞綃。非魷刻燭百幅盡，素鱗紫駝陳名窯。左顧右盼殊未暇，屈宋銜官魂可招。開元盛事徒艷歎，荒壇蒿沒青齊腰。〔註30〕

許楚列舉了白榆社的一些重要成員，心中對汪道昆時代充滿無比歆羨之情，在他看來，汪道昆組織白榆社的這段時期，正是徽州的「開元盛世」。

汪道昆家居期間組織的文學活動，擴大了他在文壇上的影響，徽州也因此成為當時兩個文學活動的中心之一。朱彝尊《靜志居詩話》指出：「聞伯玉晚年林居，乞詩文者填戶，編號松牌，以次給發，享名之盛，幾過於元美。」〔註31〕汪道昆的聲名甚至遠播朝鮮。談遷《棗林雜俎》「朝鮮慕王元美、汪伯玉」條載：

> 朝鮮史吏曹參判尹根壽子固同子進士昭至京，云：「小邦極慕王元美、汪伯玉集，即童子皆能授讀。」隨有詩懷兩先生云：「大海雄文回紫瀾，齊盟狎主有新安。平生空抱投鞭願，悵望南雲不可攀。」〔註32〕

汪道昆與王世貞一起成為朝鮮人仰慕的對象，他們的文集連童子都知道，可見聲譽之隆。「大海雄文回紫瀾，齊盟狎主有新安」實是「海內兩司馬」的詩化表述。

三、對各類文藝人才的誘掖汲引

前引《歙事閒譚》所錄誇讚徽州的才藝之士可敵三吳兩浙的傳聞雖屬子虛，但明代隆慶、萬曆之際，徽州工匠的地位大幅提高，各類文藝人才輩出，徽州文化呈現出一派繁榮景象。汪道昆晚年林居期間常與這些有一技之長的各類人士來往，並對他們加以扶持、提攜和汲引，徽州文化的發達，汪道昆功

〔註30〕許楚《青岩集》卷二，清康熙刻本。
〔註31〕朱彝尊《靜志居詩話》卷一三，中華書局，1990年版，第391頁。
〔註32〕談遷《棗林雜俎·叢贅》「朝鮮慕王元美汪伯玉條」，清鈔本，上海圖書館藏。

不可沒。

不妨先從造墨者方於魯（1541～1608）說起。方於魯，名大澂，字於魯，後以字名，更字建元。李維楨《方外史墓誌銘》記述了方於魯製墨的緣起：

> 汪先生為豐干社，能詩者推遜建元。顧其家貧，汪先生策之曰：「吾郡故能為墨，羅氏與金同價，今亡矣，子何不為墨？古人遠山磨隃糜以助文思，是或一道也，且可治生，豈「賈豎之事，污辱之處」，如楊惲所云乎？」建元諾，命其子按朱萬初、潘谷、郭圯、李廷珪父子諸家法，選煙和膠。墨成，傾其郡中。所稱名取象，本六經，綜百氏，通三才，該萬有。尚方底貢，文苑借資，四夷爭購，以為瓌寶。語具《墨譜》中。〔註33〕

文中的汪先生即汪道昆。汪道昆見方於魯家貧，便指點他利用徽州地方傳統的製墨優勢在墨業上用力，認為製墨既可「助文思」，亦可「治生」，並非下賤之事，不必有心理壓力。若李維楨所言屬實，方於魯之所以從事製墨，乃汪道昆出的注意。方於魯聽從了汪道昆的指點，最終取得了成功。李維楨所說的《墨譜》即《方氏墨譜》，其與程君房所編的《程氏墨苑》呈現了晚明製墨業所達到的高度，被認為是印刷史上重要的里程碑。〔註34〕《方氏墨譜》首次出版於萬曆戊子（1588），其後不斷再版。《方氏墨譜》有墨圖6卷，墨圖之前有序評歌賦之類的文字，若仔細考察這些文字的內容和作者，實不難發現，該書之所以能夠編成，方墨之所以名揚海內外，汪道昆所起的作用甚大。

《方氏墨譜》所收汪道昆的文字最多，包括《方於魯墨譜引》《泰茅氏遺建元書》《墨表》及兩則評語。其中兩則評語為：

> 今之足以卑古者，惟陶氏、墨氏。蓋柴之陶，李之墨，千古稱良，吾見罕矣。我明陶氏之良，莫如宣德；其在於墨，則於魯足以當之。汪道昆評。
>
> 墨者良於爐，進之則良於膠。近世兩者無良，獨以芳澤相媚，末矣。臺嘗援於魯法，於魯負俗而力倡之，爐以豨膏，膠以麋角，並求獨至，芳澤無加。猶之佛土青蓮，恥與眾芳為伍。具法眼者當

〔註33〕李維楨《方外史墓誌銘》，《大泌山房集》卷八七，四庫全書存目叢書集部第152冊。

〔註34〕參見林麗江《晚明徽州墨商程君房與方於魯墨業的開展與競爭》，米蓋拉、朱萬曙主編《徽州：書業與地域文化》，中華書局，2010年版，第121～197頁。

自辨之。萬曆壬午仲秋伯玉識。〔註35〕

汪道昆幫助方於魯改良製墨之法，提升墨的內在品質，並毫不保留地推許方墨，將其與宣德陶相提並論，足以卑視古人。以汪道昆的聲望和影響，這樣的推介無疑大大提高了方墨的知名度。汪道昆的弟弟汪道貫對方於魯製墨事業的扶持、獎掖同樣不遺餘力，他在《墨書》中指出：

> 建元之為象也，其制則請之餘伯氏伯玉、李太史本寧，而不佞道貫時佐之；書則請之文博士休承、周山人公瑕、莫太學廷韓、朱王孫貞吉、潘秘書象安、劉文學季然，而不佞亦佐之；畫則丁山人南羽、俞山人康仲、吳山人左千。即付剞劂，必盡毫髮，務極國能。

《方氏墨譜》的製做稱得上集一時人才之選，汪道昆竟親自參與了方墨的設計，介入程度不可謂不深。除汪道昆、汪道貫外，在《方氏墨譜》裏留下文字的還有豐干社的成員汪道會、方宇、謝陛、潘之恒等人，白榆社的成員徐桂、李維楨、朱多炡、屠隆、俞策等人，汪道昆的好友王世貞、王世懋、莫雲卿等人，也都對方墨作了品鑒和推許。不言而喻，他們的同聲稱許推動了方墨品牌的形成，而這正是借助了汪道昆的聲望和交遊網絡。李維楨《方外史墓誌銘》的記載印證了這樣的判斷：「憶余客新安，汪伯玉先生與弟二仲，亟稱建元也，攜之過其館中論詩。詩大有致，而是時建元墨名滿天下，詩乃以墨掩。」〔註36〕

明中後期，徽州地區的書法、繪畫、篆刻等藝術有了長足發展，汪道昆與其中的一些藝術家有所交往，在《太函集》中有不少推介、揄揚他們的文字。如上文所引汪道貫《墨書》提到的潘緯（象安），汪道昆「為布衣建鳴鼓」時曾「哀象安詩若干卷，成一家言」，並在將其與善琴的許太初、以聲律聞於時的謝榛並列為「當世以布衣雄者」〔註37〕；汪道貫《墨書》提到的丁雲鵬（南羽），汪道昆《丁海仙傳》說他「工繪事，傾當世，儒行而禪心」。〔註38〕徽派篆刻開山鼻祖何震更是直接得到汪道昆的汲引和提攜。何震，字主臣、長卿，號雪漁。《太函集》共收有 17 首汪道昆寫給何震的詩，如《何長卿古篆印章》：

> 混沌誰開天子都，爾簪刀筆侍義皇。臨池科斗青雲氣，裂石龍

〔註35〕方於魯《方氏墨譜》卷首，四庫全書存目叢書子部第 79 冊。
〔註36〕李維楨《方外史墓誌銘》，《大泌山房集》卷八七。
〔註37〕汪道昆《潘象安詩序》，《太函集》卷七二，第 512～514 頁。
〔註38〕汪道昆《丁海仙傳》，《太函集》卷三八，第 820 頁。

蛇赤電光。刻畫直須摩九鼎，飛揚早已逼三倉。而今一擲金如斗，

徑寸累累肘後藏。〔註39〕

「混沌誰開天子都，爾簪刀筆侍羲皇」正是對何震在徽派篆刻上創始地位的確認。何震外出從事篆刻活動，汪道昆常賦詩予以推介。如《送何主臣北遊四絕句》（選二）：

綈袍底事傍風塵，簪筆由來妙入神。

試向鍾山瞻碣石，兩都國手更何人。

漁陽幕府擁雕戈，書記翩翩國士多。

肘後黃金如斗大，尚方追琢法如何。〔註40〕

《送何主臣之楚十絕句》（選三）

開府風流迥不群，蘭臺賓從儼如雲。

向來黃鶴樓中笛，好在胡床月下聞。

吾道天迴日月光，緇帷宛在水雲鄉。

試看講席誰南面，知是絃歌舊海陽。

彭蠡湖邊落彩霞，豫章城外簇龍沙。

南州孺子如相問，垂老青門學種瓜。〔註41〕

細讀這些詩句，可以領會汪道昆對何震的獎借之意和提攜之心。這些送別詩其實就是推薦信，當何震向汪道昆的朋友們出示這些詩歌時，他們自然會對這位「兩都國手」另眼相看，格外優待。何震在明代隆慶、萬曆之間聲名顯赫，徽州篆刻天下知名，其中也有汪道昆的誘掖汲引之功。

四、「為徽商代言」

經濟是文化的基礎。徽州文化之所以在明中後期有飛躍式發展，其「催化劑」是徽商創造的財富。汪道昆出身於商人家庭，其家族、姻親中從賈者極多，其《太函集》中有大量詩文是為徽商而作。汪道昆《太函集》對徽商研究的價值，日本學者藤井宏有頗為到位的論述：

我在靜嘉堂文庫翻閱明代各種文集時，發現汪道昆的《太函集》乃是有關徽州商人史料之寶藏，為之狂喜。拙著《新安商人的研究》就是根據《太函集》所提供的大量珍貴史料作為本書的什架，也只

〔註39〕汪道昆《何長卿古篆印章》，《太函集》卷一一六，第2594頁。
〔註40〕汪道昆《送何主臣北遊四絕句》，《太函集》卷一二〇，第2771～2772頁。
〔註41〕汪道昆《送何主臣之楚十絕句》，《太函集》卷一二〇，第2781～2782頁。

有根據《太函集》各種史料始有可能為立體的、結構最密的掌握新
安商人營業狀況開闢道路，諒非過言。〔註42〕

藤井宏的話亦被相關學術研究的實踐所證明。張海鵬、王廷元主編的《明
清徽商資料選編》是國內徽商研究的第一部資料集〔註43〕，該書從《太函集》
中選錄的材料多達 87 條；研究明清士商關係時，《太函集》是高頻徵引文獻，
如余英時《儒家倫理與商人精神》把汪道昆作為由商轉士的典型例證，並引
用《太函集》中的徽商資料以說明「汪道昆就可以說是商人階層的代言人」
〔註44〕，在《士與中國文化》中，他更直接將汪道昆作為「新安商人的一個
有力的代言人」。〔註45〕

十多年，筆者撰寫了碩士論文《汪道昆商人傳記研究》〔註46〕，在吸納已
有研究成果基礎上，對《太函集》所收商人傳記作了力所能及的考察，後又擴
大閱讀範圍，撰成《論明清徽商傳記的歷史價值與文學價值》，探討了徽商形
象的整體特徵及塑造手法等。〔註47〕近來重讀《太函集》，覺得有一些問題需
要進一步思考：

1. 汪道昆《太函集》涉及徽商的內容，一類是對事實的記述，如徽商的
活動範圍、營業項目、資本積累的過程、經營的形態、資本的出路等；一類是
汪道昆給出的價值評判或對一些現象的概括，如徽商「賈而好儒」、「良賈何負
閎儒」「吾鄉左儒右賈，喜厚利而薄名高」等。利用前者研究徽商的歷史面貌
時，比較有信心，感覺較有說服力；但以後者為基礎探尋歷史事實真相時，常
常遭遇到反面材料，有時甚至覺得不合常識。究竟該如何處理這兩類文獻？

2. 在《太函集》中，作為傳主的徽商皆是正面形象，大都有文化、有才
幹、守道德，但有時也會寫到作為傳主比較者和對話者的徽商，其形象有的就
與傳主迥然有別。更有意味的是，寫到徽商傳主時常會強調其「負俗」，即他

〔註42〕藤井宏《新安商人的研究》原載於日本《東洋學報》第三十六卷第一、二、三、
　　　　四號，時間為 1953 年 6、9、12 月及 1954 年 3 月。後由傅衣凌、黃煥宗翻譯，
　　　　分載於 1958 年《安徽歷史學報》和 1959 年《安徽史學通訊》，並收入《徽商
　　　　研究論文集》，這段文字出自《新安商人研究》中譯本序言。
〔註43〕張海鵬、王廷元《明清徽商資料選編》，黃山書社，1985 年版。
〔註44〕余英時《明清變邊時期社會與文化的轉變》，《余英時文集》第 3 卷《儒家倫
　　　　理與商人精神》，廣西師範大學出版社，2014 年版。
〔註45〕余英時《士與中國文化》，上海人民出版社，1987 年版，第 530 頁。
〔註46〕耿傳友《汪道昆商人傳記研究》，安徽大學 2002 年碩士論文。
〔註47〕耿傳友《論明清徽商傳記的歷史價值與文學價值》，《南京師大學報》(社會科
　　　　學版) 2012 年第 2 期。

和大多數的徽商不一樣。那麼，這樣的徽商傳主是否可以作為徽商的代表，以這樣的資料研究徽商的整體特徵是否有效？

3. 除了徽商傳記外，《太函集》還有不少有關徽商的記述，其對徽商的記述和描寫有時與徽商傳記存在差異，如何看待這樣的差異？

這些問題都指向一個核心問題：汪道昆勝任「徽商代言人」這一角色嗎？在這裡，我想結合學界已有的研究成果略作進一步探索。先看汪道昆《明故封南京兵部車駕司員外郎程公行狀》下面這段敘述：

> 公名儌，字守約，號野停，鼎山府君季子也。日者謂府君季子必貴，府君亦以其有貴徵也，遣伯仲入浙受賈，獨季受經。居無何，家難作，府君命季釋業。時公為童子，輒以良賈聞。其後伯仲自請於府君，願挾資入閩，利且倍。府君戒勿往，伯仲遂行。公獨奉府君居浙中，修故業。既而伯仲皆不利，損資斧，有差，則又抵府君，請複合如故。府君有難色，私語公。公謝曰：「賈為利謀耳。伯仲慕利故去，失利故來，願大人勿距其來，兒何敢論贏詘。」府君謂善。居二十歲，業乃大成。當是時，伯仲諸子長矣。公舉三丈夫子，皆幼沖。伯仲亟欲分財，公固請合，不可。〔註48〕

傳主程儌注重孝悌之道，尊奉儒家道德觀念，但他的兩位兄長並不是這樣，他們不聽父親的勸告，分出資本入閩經商，經商失利後又要求複合，他們趁程儌的三個兒子年幼時堅決分家，以便多分財產。程儌的兩個兄弟利益至上，根本沒有孝悌觀念，這與徽商傳記中徽商群體的總體特徵完全是不同的類型。毫無疑問，與程儌兩個兄弟類似的徽商所佔比重決不會少，只不過這些作為比較者或映襯者的徽商被研究者有意無意忽略了。再看《潘汀州傳》中的一段敘述：

> 初，公父處士命伯以儒，仲以賈，仲無祿早世，公不釋業代賈。……真州諸賈為會，率以資為差：上賈據上座，中賈次之，下賈侍側。時余婚氏黃翁當居上，翁局蹐而虛左待公。公後至，詰其由，座客以狀對。公奮臂大呼曰：「吾鄉禮讓國也，毋寧以什百相役僕哉！」眾翁然從之。公遂左。〔註49〕

以我的閱讀印象，《潘汀州傳》是汪道昆《太函集》中文學性相對較強的

〔註48〕汪道昆《太函集》卷四一，第 878 頁。
〔註49〕汪道昆《太函集》卷三四，第 739 頁。

一篇傳記，所塑造的潘侃豪邁自負、慷慨敢言、不顧流俗，其個性鮮明，有國士之風。上面這段文字大概也是為了突顯潘侃不同流俗的個性，他尊崇自我，根本不管商人之間形成的慣例。若換個視角，從「諸賈為會」的慣例不難看出當時徽商的一般觀念：一個商人地位的高低就是看其所擁有財富的多少。這種以財富為矜尚的觀念無疑有助於形成徽商的內在心理驅力，驅使其追求更多的財富，從而有益於徽商群體的成功，但這顯然與汪道昆徽商傳記的整體價值取向並不合拍。

汪道昆在《潘汀州傳》中提到，潘侃的父親讓他從儒，讓他的弟弟從賈，這是很典型的徽人家庭的職業安排。《太函集》有兩段文字常被研究者徵引以說明徽州人的儒賈觀念：

> 新都三賈一儒，要之國也。夫賈為厚利，儒為名高。夫人畢事儒不效，則馳儒而張賈；既側身饗其利矣，及為子孫計，寧馳賈而張儒。一張一弛，迭相為用，不萬鍾則千駟，猶之轉轂相巡，豈其單厚然乎哉！擇術審矣。〔註50〕

> 大江以南，新都以文物著。其俗不儒則賈，相代若踐更，要之良賈何負閎儒，則其躬行彰彰矣。〔註51〕

汪道昆說得非常清晰：儒和賈各有所求，一為「厚利」，一為「名高」，可以根據不同的生活境況作出最合理的抉擇，不能成為高官就就努力成為大賈，「躬行彰彰」的「良賈」並不比「閎儒」差。儒和賈「轉轂相巡」「相代若踐更」的實質是立足現實，注重實效。在《太函集》中不乏儒賈「轉轂相巡」的具體案例。如金赦「少事儒而父賈」，他的父親喜結客，資用不饒，金赦妻戴氏便從容向他建議：「君固當儒，第舅年日浸，游道日廣，即操利權如箕斂，將不勝勞。竊為君筴之，宜以身佚。舅老，顧日幾幾，必倘來者為顯親地，不已疏乎？」及金赦經商致富後，這位戴氏再次從容謀劃：「君故事儒，藉祖廟之靈，從舅賈而起富。乃今不足者非刀布也。二子能受經矣，幸畢君志而歸儒。」金赦兩次對戴氏說「子先得吾心」，說明戴氏的想法與金赦不謀而合。〔註52〕上文提到的程僢在經商致富後，便「程督諸子修儒術」，「延師

〔註50〕汪道昆《海鹽處士金仲翁配戴氏合葬墓誌銘》，《太函集》卷五二，第 1099 頁。
〔註51〕汪道昆《誥贈奉直大夫戶部員外郎程公暨贈宜人閎氏合葬墓誌銘》，《太函集》卷五五，第 1146 頁。
〔註52〕汪道昆《海鹽處士金仲翁配戴氏合葬墓誌銘》，《太函集》卷五二，第 1099～1100 頁。

課業，不遺餘力」，後來他的長子程嗣功與汪道昆同年中進士，他本人也因子貴而受封。〔註53〕

　　若就此立論，汪道昆確實寫出了儒與賈深度融合的現實，揭示了賈儒之間的互濟關係。但這只是問題得一個方面。汪道昆曾為商人辯護：「儒者以詩書為本業，視貨殖輒卑之，藉令服賈而仁義存焉，賈何負也。」這種辯護的背後，是商人因服賈而不得與諸儒齒的遺憾：「長君席故資賈鹽筴，非其好也，深惟而慚自傷：『使鋤湎市井，競刀錐，且不得與諸儒齒，即致鉅萬何益哉！』」〔註54〕其實在汪道昆的傳記中，就有「視貨殖卑之」的儒者。《仲弟仲淹傳》說：「至其睅皆富家翁，視金窟猶糞壤也。嘗從孤飲潘汀州所，一夫煮海為富，哆口自張，仲面叱曰：『吾黨之言如蘭，焉用銅臭。公饒鹽筴，第歸而籌之家，吾兄弟不樂聞，毋湎吾耳。』」〔註55〕這是士子對商賈的公開鄙視，其心理優勢不言而喻。汪道昆《鄉飲三老傳》結尾曾借二大夫之口指出「以儒訾賈」的原因：

> 新都猶齊魯也，以文獻著邦畿。其民二賈一儒，賈者足當陽翟。
> 以儒訾賈，卒坐兩端：其一，親於其身起家，言言墨守，何知仁義，
> 僅取自封。其一，席故資，恣睢暴殄，為漏卮，為委土，為燎毛，即
> 靜躁不相與謀。要非端木陶朱之屬，彰彰矣。〔註56〕

　　文中提到的端木即孔子弟子子貢，他「結駟連騎，束帛之幣以聘享諸侯，所至，國君無不分庭與之抗禮」；陶朱即范蠡，他在雪會稽之恥後，變名易姓，浮於江湖，「乃治產積居，與時逐。……十九年之中三致千金，再分散與貧交疏昆弟。此所謂富而好行其德者也。」〔註57〕也就是說，從商者只有如端木、陶朱那樣「富而好行其德」，才能得到認可，不受輕視。汪道昆《范長君傳》中的徽商範汝珍這樣教導兩個兒子：「泓椎少文，爾修吾業；淶有志於學古，爾為儒。里俗率操佔畢以賈芬華，安事儒矣。爾曹第為儒賈，毋為賈儒。」〔註58〕在《海陽長者程惟清傳》中，汪道昆有進一步論述：「儒而賈心則漓也，賈而儒服則蛻也」，並且稱讚程惟清「託賈名而飾儒行」「是不逢掖而儒

〔註53〕汪道昆《太函集》卷四十一，第878頁。
〔註54〕汪道昆《范長君傳》，《太函集》卷二九，第638頁。
〔註55〕汪道昆《仲弟仲淹狀》，《太函集》卷四四，第948頁。
〔註56〕汪道昆《鄉飲三老傳》，《太函集》卷三八，第831頁。
〔註57〕司馬遷《貨值列傳》，《史記》卷一二九，百衲本，浙江古籍出版社，1998年影印。
〔註58〕汪道昆《范長君傳》，《太函集》卷二九，第638頁。

矣。」〔註59〕由此可以判斷汪道昆的價值尺碼和文化立場：無論是從儒還是從賈，他都強調「儒行」而鄙棄「賈心」，遵奉儒家的道德倫理是對徽商最基本的也是最核心的要求。

綜上所述，作為現實的個體徽商，既有講仁義的，也有慕利而置道德於不顧的，後者在絕對數量上未必就比前者少。汪道昆在為徽商樹碑立傳時主觀上雖對溢美之詞保持著警惕〔註60〕，但選擇為誰立傳時已有了傾向性，且傳、行狀、墓誌銘、墓碑、墓表等文體的寫作目的就是為了讚頌、旌揚傳主，體現了的是一種正價取向，不講仁義的徽商只能成為襯托者或以隱形的方式存在背景中。在這樣的認識之下，汪道昆傳記中出現的對商、儒關係看似矛盾的一些敘述或言論，在一定程度上可以得到解釋。從根底上說，汪道昆對賈儒關係的認識與王陽明所說的「古者四民異業而同道，其盡心焉，一也。士以修治，農以具養，工以利器，商以通貨，各就其資之所近，力之所及者而業焉，以求盡其心。其歸要在於有益於生人之道，則一而已」比較接近，〔註61〕他確實比王世貞那樣的文人更理解徽商，其《太函集》從豐富的層面和角度展示了徽商的追求、希冀和無奈，傳達了他們的心聲，稱汪道昆為「徽商代言人」並不為過。

除以上所述之外，汪道昆在晚年林居期間，還修家譜，作佛會，與徽州的地方官、縉紳唱酬交遊，為恢復胡宗憲的名譽而努力，為《水滸傳》作序等，這些同樣是當時徽州文化圖景的構成部分，但限於篇幅，就不再一一論述了。概言之，由於汪道昆曾經身居高位，又「才參經緯，學貫天人」〔註62〕，晚年林居期間，他利用特殊身份形成的文化權力，不遺餘力地獎借汲引鄉人，為徽州的文化積累和發展作出了傑出貢獻，身後被公舉鄉賢。如果說明代隆慶、萬曆之際是徽州文化史的「開元盛世」，那麼，汪道昆就是這一盛世的開創者、經歷者和記錄者。王世懋在汪道昆五十生辰時曾為他作賀詩，中有「一自陽春回故郡，頓令佳氣滿新都」〔註63〕，正可移來概括汪道昆晚明林居期間的文化

〔註59〕 汪道昆《海陽長者程惟清傳》，《太函集》卷三七，第801～802頁。
〔註60〕 參見朱萬曙《徽商與明清文學》，人民文學出版社，2014年版，第152～154頁。
〔註61〕 王陽明《節庵方公墓表》，《王陽明全集》卷二五，上海古籍出版社，1992年版，第941頁。
〔註62〕 參見《汪左司馬公年譜》後「兩學公舉鄉賢呈」，該年譜為汪無競著，汪瑤光編次，附於崇禎刻《太函副墨》後。
〔註63〕 王世懋《少司馬汪公五衾，惟茲臘月廿有七日，為公初度之晨，敬上四章為壽》，《王奉常集》卷一四。

活動及文化貢獻。

　　徽學之所以能成為一門新學科，大量徽州文書的發現是其根本原因。毫無疑問，徽州文書的搜集、整理和研究是徽學研究的基礎性工作，如本文在寫作時就對陳智超《明代徽州方氏親友手札七百通考釋》多有取資。〔註64〕相較徽州文書，目前徽學界對徽人別集的利用遠遠不夠，就是學界關注最多的《太函集》，依然有很大的發掘空間，如果像陳智超《明代徽州方氏親友手札七百通考釋》那樣對汪道昆《太函集》予以深度整理和考釋，我相信對明代中後期這一變革時代徽州歷史文化的認識和理解會大大加深。歷史學家陳垣曾強調，學歷史必須熟讀各朝一二大家詩文集，《太函集》就是徽學研究者應該熟讀的詩文集，且還有大量的徽人詩文集等待徽學研究者去發現和發掘。

　　本文為國家社科基金項目「安徽博物院藏珍稀文學古籍整理與研究」（批准號：18BZW089）階段性成果

　　國家社科基金重大項目「徽人別集整理、研究與數據庫建設」（20&ZD274）

〔註64〕陳智超《明代徽州方氏親友手札七百通考釋》，安徽大學出版社，2001年版。

《日知錄》簡論

司馬朝軍

　　顧炎武嘗勗其甥徐元文曰：「有體國經野之心，而後可以登山臨水；有濟世安民之略，而後可以考古論今。」〔註1〕其《菰中隨筆》亦云：「必有體國經野之心，而後可以登山臨水；必有濟世安民之識，而後可以考古斷今。」今擬之曰：「有體國經野之心，而後可以觀《肇域志》；有濟世安民之略，而後可以觀《利病書》；合此二者，而後可以觀《日知錄》。」

　　在顧炎武所處的時代，大明王朝急劇走向衰落並最終滅亡，滿清貴族迅速崛起，定鼎中原，建立和穩固了其對全中國的統治秩序。當此新陳代謝之際，中國社會最突出、最主要的矛盾莫過於民族矛盾。顧炎武思想作為這個特殊歷史時期的一面鏡子，本質上是當時中國社會主要矛盾的反映；正是這個矛盾及其演變與發展過程，決定了他的思想活動進程及其根本性質。顧炎武思想活動導因於對國運民生的憂患，奠基於對現實的軍事和經濟問題的思考。〔註2〕《日知錄》正是記錄他畢生學術思想的總帳簿，後來也成為近三百年學術寫作的風向標式的著作。

一、《日知錄》的作者顧炎武生平簡介

　　顧炎武（1613～1682），初名絳，明亡之後改名炎武，字寧人，江蘇崑山人，學者稱亭林先生。顧炎武深受嗣祖顧紹芾影響，自幼熟讀四書五經、《史

〔註1〕劉聲木：《萇楚齋續筆》卷二「顧炎武勗甥語」條。劉聲木案：「先生此語，何
　　　等抱負，通人之論，畢竟不凡，信乎所見者大，所謀者遠也。」
〔註2〕周可真：《明清之際新仁學：顧炎武思想研究》，中國大百科全書出版社，2006
　　　年版，第10頁。

記》《漢書》《通鑒》《通典》等基本典籍，並涉獵朝廷邸報，關心天下形勢，家學淵源，其來有自。他「胸中磊磊，絕無闟然媚世之習」。〔註3〕甲申乙酉之變，神州板蕩，山河腥羶，山嶽崩頹，江湖沸洶，華夏血殷，天地悲憤。清兵揮師南下，肆毒橫行，肆意屠戮，「揚州十日」「嘉定三屠」之外，崑山也未能幸免於難，炎武胞弟子颺、子武殞命，而生母何氏則被清兵斲斷右臂，險些喪命；好友吳其沆亦因守崑山城而遇難。未幾，清兵又陷常熟，嗣母王氏「未嫁守節，奉旨旌表，及聞國變，不食而卒」，〔註4〕遺命後人「無為異國臣子，無負世世國恩，無忘先祖遺訓」。〔註5〕《答次耕書》亦云：「『君子之道，或出或處』，鄙人情事與他人不同。先妣以三吳奇節，蒙恩旌表，一聞國難，不食而終，臨沒丁寧，有無仕異朝之訓。」〔註6〕《與次耕書之一》：「自今以往，當思中材而涉末流之戒，處鈍守拙……不登權門，不涉利路。」〔註7〕顧炎武自始至終謹奉母命，不事王侯，高尚其事，隱忍抗清，奔走南北，著書立說，以待後王。《菰中隨筆》云：「守先王之道，畏聖人之言。」「時當季世，有志三代之英；身在布衣，不忘百姓之病。」〔註8〕庚申元旦絕筆自稱：「三千里外，孤忠未死之人。」〔註9〕於此可見，精忠報國之志至死不渝。

顧氏本為崑山望族，至明末而漸趨衰敗。顧炎武為顧同應次子，出生後過繼給顧同吉（同應堂兄，早卒）為嗣，由嗣祖顧紹芾（1562～1641）、嗣母王氏（1586～1645）教授詩書，並撫養長大。顧炎武幼年曾患天花，而留下目疾。他與同里歸莊相友善，同入復社，有「歸奇顧怪」之目。他能文而恥以文人自居，拒絕庸俗，謝絕應酬文字，骨子裏有一股桀驁之氣與浩然之氣。

顧炎武原本是一位平庸無奇的舉子，自 12 歲起習舉業，為帖括之學者將近二十年。在此期間，其嗣祖父常常教導他「士當求實學，凡天文、地理、兵

〔註3〕 （清）顧炎武：《與人書十一》，《顧亭林詩文集》，中華書局，1983 年版，第 94 頁。

〔註4〕 （清）顧炎武：《菰中隨筆三卷本·啟》，《顧炎武全集》第 20 冊，上海古籍出版社，2011 年版，第 9 頁。

〔註5〕 （清）顧炎武：《先妣王碩人行狀》，《顧亭林詩文集》，中華書局，1983 年版，第 165 頁。

〔註6〕 （清）顧炎武：《顧亭林詩文集》，中華書局，1983 年版，第 77 頁。

〔註7〕 （清）顧炎武：《顧亭林詩文集》，中華書局，1983 年版，第 79 頁。

〔註8〕 （清）顧炎武：《菰中隨筆》三卷本卷二，《顧炎武全集》第 20 冊，上海古籍出版社，2011 年版，第 105 頁。

〔註9〕 （清）顧炎武：《菰中隨筆》三卷本卷二，《顧炎武全集》第 20 冊，上海古籍出版社，2011 年版，第 105 頁。

農、水土及一代典章之故，不可不熟究」，而他卻「往往從諸文士賦詩飲酒，不知古人『愛日』之義。而又果以為書生無與國家之故」。〔註10〕直到 27 歲那年，久經科場而屢試不遇的顧炎武，由於再次「秋闈被擯」，「感四國之多虞，恥經生之寡術」，毅然決定「退而讀書」，「於是歷覽二十一史以及天下郡縣志書，一代名公文集及奏章文冊之類」。〔註11〕作為一位科舉制度下的失敗者，顧炎武后來發起了對科舉制度進行猛烈批判的「馬拉松運動」。歷史並非都是由勝利者書寫的，否定科舉制的歷史就是由一連串的名落孫山者聯手書寫的，其中充滿了戾氣與負能量。

明清鼎革，清兵南下，顧炎武「不幸而遇國家之變」〔註12〕，遂投筆從戎，參加抗清隊伍，奮起反抗，失敗之後，歸遁於家。崑山城破之際，顧炎武以至語濂涇省嗣母，幸免於難。因積極從事抗清活動，並遭冤家陷害，顧炎武被迫變衣冠，作商賈，化名蔣山傭，往來南北，其間多次拜謁明孝陵，一生以「明遺民」自居，不仕清廷。順治十二年（1655）五月，顧炎武擒殺告其「通海」之世僕陸恩，被葉方恒囚於陸婿家中，脅令自裁。經歸莊向錢謙益求救，始移獄松江；次年，始得釋放。十四年秋，顧炎武將北遊，諸友為之餞行。從此往來山東、北京、河北、山西、陝西、江蘇等地，結交海內奇士，如張爾岐、傅山、李因篤、王弘撰、李顒、朱彝尊等人皆在師友之間。〔註13〕其《廣師篇》云：「學究天人，確乎不拔，吾不如王錫闡；讀書為己，探賾洞微，吾不如楊雪臣；獨精三禮，卓然經師，吾不如張爾岐；蕭然物外，自得天機，吾不如傅山；堅苦力學，無師而成，吾不如李顒；險阻備嘗，與時屈伸，吾不如路安卿；博聞強記，群書之府，吾不如吳任臣；文章爾雅，宅心和厚，吾不如朱彝尊；好學不倦，篤於朋友，吾不如王弘撰；精心六書，信而好古，吾不如張弨。」剝復之際，巨人輩出。顧炎武擇國士而交之，首

〔註10〕（清）顧炎武：《三朝紀事闕文序》，《亭林餘集》，《顧亭林詩文集》，中華書局，1983 年版，第 155 頁。

〔註11〕（清）顧炎武：《天下郡國利病書序》，《亭林文集》卷六，《顧亭林詩文集》，中華書局，1983 年版，第 131 頁。

〔註12〕（清）顧炎武：《齊四王冢記》，《顧亭林詩文集》，中華書局，1983 年版，第 101 頁。

〔註13〕（清）顧炎武《廣宋遺民錄序》：「古之人學焉而有所得，未嘗不求同志之人，而況當滄海橫流，風雨如晦之日乎？於此之時，其隨世以就功名者固不足道，而亦豈無一二少知自好之士，然且改行於中道，而失身於暮年，於是士之求其友也益難。而或一方不可得，則求之數千里之外；今人不可得，則慨想於千載以上之人。」《顧亭林詩文集》文集卷二，中華書局，1983 版，第 33 頁。

以品德為上。顧炎武可能在某個單獨方面不及上述諸人，但他能夠集諸人之長，遂成為開風氣的一代巨擘。

康熙七年（1668），山東「黃培逆詩」案起，牽涉顧炎武，遂主動投案，入濟南府獄，後經李因篤、徐元文等人營救，得以保釋出獄。次年四月，又至章丘，與謝長吉就田產問題對簿公堂，此案始得終結。此後，繼續在北方漫遊，考古求真，苦心著書。清廷修《明史》，顧炎武曾多次被舉薦，均遭拒絕。晚年，顧炎武寓居陝西華陰、山西曲沃等地，他曾論華陰地理形勢曰：「華陰縮轂關、河之口，雖足不出戶，而能見天下之人，聞天下之事。一旦有警，入山守險，不過十里之遙；若志在四方，則一出關門，亦有建瓴之便。」〔註14〕可見，顧炎武雖以著述為事，而反清之心至死不渝。康熙二十一年（1682）正月初八，顧炎武於曲沃養病，上馬失足墜地，宿疾復發，嘔瀉不止。次日丑時，一代俠儒與世長辭，哲人其萎，山河同悲。

二、《日知錄》的成書與流傳過程

顧炎武同時友人為他作啟云：「年十四為諸生，屢試不遇。繇貢士兩薦，授樞曹，不就。自歎士人窮年株守一經，不復知國典朝章、官方民隱，以至試之行事而敗績失據。於是盡棄所習帖括，讀書山中八九年。取天下府、州、縣志書及一代奏疏、文集遍閱之，凡一萬二千餘卷。復取二十一史並實錄一一考證，擇其宜於今者，手錄數十帙，名曰《天下郡國利病書》。遂遊覽天下山川風土，以質諸當世之大人先生。昔司馬子長遍遊四方，乃成《史記》；而范文正自秀才時以天下為己任。若寧人者，其殆兼之。」〔註15〕顧亭林自述師法曰：「賈耽嗜觀書，老益勤，尤悉地理。凡四夷之使與使四夷還者，見之必從詢索風俗。故天下地土區產、山川夷阻，必究知之。方吐蕃盛強，盜有隴西，異時州縣遠近，有司不復傳。耽乃繪布隴右、山南九州，且載河所經受為圖。又以洮、湟、甘、涼屯鎮額籍、道里廣狹、山險水源為別錄六篇，河西戎錄四篇，上之。詔賜幣、馬、珍器。又圖海內華夷，廣三丈，從三丈三尺，以寸為百里。並撰《古今郡國縣道四夷述》，其中國本之《禹貢》，外夷本班固《漢書》。古郡國題以墨，今州縣以朱。刊落疏舛，多所釐正。帝善

〔註14〕（清）顧炎武：《與三任書》，《顧亭林詩文集》卷四，中華書局，1983版，第87頁。

〔註15〕（清）顧炎武：《菰中隨筆三卷本・啟》，《顧炎武全集》第20冊，上海古籍出版社，2011年版，第9～10頁。

之；賜予加等。或指圖問其邦人，咸得其真。又著《貞元十道錄》，以貞觀分天下隸十道，在景雲為按察，開元為採訪，廢置、升降備焉。」〔註16〕亭林效法賈耽，亦步亦趨，撰寫了《天下郡國利病書》《肇域志》，又在此基礎上提煉主題，凝練論點，昇華而成《日知錄》。

《日知錄》無疑是顧炎武一生中最為重要的著作，其成書與流傳也都頗為坎坷。學界對《日知錄》的始撰時間頗有爭議。《日知錄》康熙九年（1670）初刻八卷本書前題記曰：「愚自少讀書，有所得輒記之，其有不合，時復改定。或古人先我而有者，則遂削之。積三十餘年，乃成一編，取子夏言，名曰《日知錄》，以正後之君子。」〔註17〕所以，有學者推定顧炎武《日知錄》約始撰於明崇禎十二年（1639）。但也有學者認為這一時間只是顧炎武早年開始讀書做札記的時間，應該與他結撰《日知錄》區分開來，並據顧炎武於康熙二十年（1681）所作《與人書》中所言：「某自五十以後，篤志經史，其於音學深有所得。而別著《日知錄》，上篇經術，中篇治道，下篇博聞，共三十餘卷。有王者起，將以見諸行事，以躋斯世於治古之隆，而未敢為今人道也。」〔註18〕推斷顧炎武始撰《日知錄》的時間應該在康熙元年（1662）他五十歲以後。〔註19〕

其實，顧炎武為撰寫《日知錄》所作準備工作是比較早的，而其從整體上對該書內容結構的構思則相對較晚，大約是顧炎武五十歲左右。顧炎武弟子潘耒在《日知錄序》中也說：「先生著書不一種，此《日知錄》則其稽古有得，隨時札記，久而類次成書者。」〔註20〕可見，《日知錄》的編纂是一個時間跨度很大的過程。而康熙九年刊刻的《日知錄》八卷本（符山堂初刻本），則可以看作是顧炎武在此前學術積累基礎上做的一個選編本，將自己較為滿意的內容先行刊刻，以廣流傳。只是，此八卷本產生的影響並未讓顧炎武滿意，當時閻若璩曾就《日知錄》中的部分內容向顧炎武發難（閻若璩《潛丘札記》卷五《補正日知錄》五十餘條）。顧炎武在《初刻日知錄自序》中也做了反省：「炎武所著《日知錄》，因友人多欲抄寫，患不能給，遂於上章閹茂之歲刻此

〔註16〕 （清）顧炎武：《菰中隨筆》三卷本卷二，《顧炎武全集》第 20 冊，上海古籍出版社，2011 年版，第 32 頁。
〔註17〕 《日知錄集釋（外七種）》，上海古籍出版社，1985 年版，第 2625 頁。
〔註18〕 《日知錄集釋（外七種）》，上海古籍出版社，1985 年版，第 28～29 頁。
〔註19〕 曹江紅：《〈日知錄〉纂修考》，《浙江社會科學》，1999 年第 6 期，第 132～133 頁。
〔註20〕 《日知錄集釋（外七種）》，上海古籍出版社，1985 年版，第 25 頁。

八卷。歷今六七年，老而益進，始悔向日學之不博，見之不卓，其中疏漏往往而有，而其書已行於世，不可掩。漸次增改，得二十餘卷，欲更刻之，而猶未敢自以為定，故先以舊本質之同志。」〔註21〕從這裡「漸次增改，得二十餘卷」也可以看出此前八卷本並非顧炎武當時所撰《日知錄》全部內容，否則以顧炎武的嚴謹，不至於如此之速。所以，顧炎武在此後的《日知錄》撰寫中恪守「良工不示人以璞」的訓誡〔註22〕，在友人向他詢問《日知錄》的編撰進展時，他回覆說：「嘗謂今人纂輯之書，正如今人之鑄錢。古人採銅於山，今人則買舊錢，名之曰廢銅，以充鑄而已。所鑄之錢既已粗惡，而又將古人傳世之寶，舂剉碎散，不存於後，豈不兩失之乎？承問《日知錄》又成幾卷，蓋期之以廢銅。而某自別來一載，早夜誦讀，反覆尋究，僅得十餘條，然庶幾採山之銅也。」〔註23〕他晚年正是以這種「採銅於山」的精神投入到《日知錄》的撰寫之中的。此喻境界甚闊，影響甚巨，然所懸鵠的甚高，一般人難以企及。

顧炎武從小受祖父之教，認為「著書不如抄書」。〔註24〕「抄書」不是改竄或抄襲前人之作為己作，而是一種精心篩選提煉的搜集資料的工作；並非漫無目的地隨手札記，而是根據自己的學術宗旨去精心選擇和編排資料。顧炎武的《日知錄》就是這樣一部著作，不僅其所引證的資料皆標明原作者及出處，不貪前人之功以為己功，而且所有的資料都分門別類地納入了他自己設計的框架，每一條目的內容都是合數條乃至數十條資料而成；但又不是純粹的資料彙編，而是在其中體現和貫徹自己的學術宗旨，在掌握豐富的第一手資料的基礎上發表自己的見解。他的《日知錄》，可以說是既講求科學實證、又注重學術道德的典範。〔註25〕

〔註21〕 《日知錄集釋（外七種）》，上海古籍出版社，1985年版，第27頁。
〔註22〕 （清）顧炎武：《與潘次耕書》，《亭林文集》卷四，《顧亭林詩文集》，中華書局，1983年版，第76～77頁。顧炎武認為：「著述之家，最不利乎以未定之書傳之於人。今世之人速於成書，躁於求名，斯道也將亡矣。」
〔註23〕 （清）顧炎武：《與人書十》，《亭林文集》卷四，《顧亭林詩文集》，中華書局，1983年版，第93頁。今按：顧炎武此說並非實話實說，大有隱情，擬另文論述。
〔註24〕 （清）顧炎武：《抄書自序》，《亭林文集》卷二，《顧亭林詩文集》，中華書局，1983年版，第30頁。
〔註25〕 許蘇民：《顧炎武評傳》，南京大學出版社，2006年版，第420～421頁。今按：「每一條目的內容都是合數條乃至數十條資料而成」的說法難以成立。《音學五書後序》自稱：「久客荒壤，於古人之書多所未見。……觀其會通，究其條理，而無輕變改其書，則在乎後之君子。」《答汪苕文書》：「弟少習舉業，多用力於四經，而三禮未之考究。年過五十，乃知『不學禮，無以立』之旨，方

所以，直至康熙二十一年（1682）正月顧炎武離世，在此期間，顧炎武並沒有再刻《日知錄》的打算，康熙十八年（1679）顧炎武在《與潘次耕書》中說：「著述之家，最不利乎以未定之書傳之於人。……前介眉札來索此，原一亦索此書，並欲抄《日知錄》，我報以《詩》《易》二書今夏可印，其全書再待一年。《日知錄》再待十年，如不及年，則以臨終絕筆為定，彼時自有受之者，而非可豫期也。《詩》云：『如切如磋，如琢如磨。』此之謂也。」〔註26〕顧炎武這種切磋琢磨、精益求精的追求，「以臨終絕筆為定」的信念，使《日知錄》得以廣徵博採，其內容得到進一步提升。顧炎武決不肯棄前人的見解於不顧，而寧可將自己的同樣見解從書中刪去。顧炎武在《日知錄序》中說：「愚自少讀書，有所得輒記之；其有不合，時復改定；或古人先我而有者，則遂削之。」他的這種誠實學風，深刻地影響了清代考據學的研究。後來的考據學大師大都極力避免學術研究中的低層次重複，他們遵循顧炎武的教誨：「必古人之所未及就，後世所不可無，而後為之。」〔註27〕同時在研究中，必詳列前人之見解，決不敢隱沒其姓名而竊之以為己說。這一切後來成為清代的考據學家們普遍遵守的學術規範。

顧炎武辭世之後，《日知錄》稿本輾轉流傳，十三年後，即康熙三十四年（1695），其弟子潘耒（1646～1708，字次耕，吳江人）始編訂為《日知錄》三十二卷（遂初堂刻本），該書得以行世。潘氏於《日知錄序》中自述其刊刻過程曰：「耒少從先生遊，嘗手授是書。先生沒，復從其家求得手稿，校勘再三，繕寫成帙，與先生之甥刑部尚書徐公健庵、大學士徐公立齋謀刻之而未果。二公繼沒，耒念是書不可以無傳，攜至閩中。年友汪悔齋贈以買山之資，舉畀建陽丞葛受箕，鳩工刻之以行世。」〔註28〕潘氏能以友人所增「買山之資」為其師刻書，可謂無愧顧氏在天之靈，是值得肯定的。但由於清初文網

欲討論，而多歷憂患，又迫衰晚，兼以北方難購書籍……」皆非虛語。顧炎武雖有子產博物之能、子政多聞之敏，然數十年間，逃名寂寞之鄉，混跡漁樵之侶，自遂於天空海闊之間，周遊天下，漂泊不定，長期處於顛沛流離之中，著述條件極為艱苦，手頭資料也極為有限，加上譾於聞見，窘於日力，《日知錄》並非全部採自原著，不少地方竟然襲自類書，他所倡導的考據法則（如「搜羅之博」「裁斷之精」等）實際上難以落到實處，擬另文論述。

〔註26〕（清）顧炎武：《與潘次耕書》，《亭林文集》卷四，《顧亭林詩文集》，中華書局，1983年版，第76～77頁。
〔註27〕《日知錄》卷十九「文須有益於天下」條。
〔註28〕《日知錄集釋（外七種）》，上海古籍出版社，1985年版，第25～26頁。

嚴密，潘耒在刊刻《日知錄》時，做了大量刪改工作，所以潘耒所刻《日知錄》也不能完全反應顧炎武「絕筆」時《日知錄》的原貌。至乾隆年間，清廷開四庫館編修《四庫全書》時，顧炎武的學術雖然得到官方的肯定與褒揚，其三十二卷本《日知錄》得以收入《四庫全書》之中，但在此過程中《日知錄》再一次遭到刪改；1950 年代，河南省圖書館購得 42 頁文淵閣《日知錄》抽毀散頁（2000 年由中華全國圖書館文獻縮微複製中心影印出版，題作《〈日知錄〉文淵閣本抽毀餘稿》），但將之與文淵閣《四庫全書》本《日知錄》對照，閣本《日知錄》也未完全據之刪改，各條情況並不一致。1933 年，張繼覓得雍正年間《日知錄》抄本三十二卷，黃侃據此撰寫《日知錄校記》，謂「考今本所刊落，有全章，有全節，有數行，自余刪句換字，不可遽數」[註29]，學界始對潘耒刪改《日知錄》的情況才有了比較清晰的認識。

三、《日知錄》的結構與性質

關於《日知錄》的內容結構，顧炎武在與友人的信中說：「別著《日知錄》，上篇經術，中篇治道，下篇博聞，共三十餘卷。」[註30] 這一「經術／治道／博聞」三分的結構，可以看作是顧炎武撰寫《日知錄》的整體框架。

康熙八年刊刻的《日知錄》初刻八卷本，基本上就是按照這一結構來分卷的，其中卷一至卷三為經術，卷四至卷六為治道，卷七、卷八為博聞。至潘耒所刻《日知錄》三十二卷本，其分卷也大致遵循這一結構，卷一至卷十為經術，卷十一至卷二十九為治道，卷三十至卷三十二為博聞。從顧炎武對《日知錄》內容的最後的確定來看，其書的主體內容是「經術」和「治道」。所謂「經術」者，「明道」之術也；「治道」者，「救世」之道也。顧炎武思想按其本質內容來說，就是關於「明道救世」的思想。[註31] 揆之全書，此說庶幾近之。顧炎武《與人書二十五》云：「君子之為學，以明道也，以救世也。……有王者起，將以見諸行事，以躋斯世於治古之隆，而未敢為今人道也。」[註32]《與人書三》云：「凡文之不關於六經之指、當世之務者，一切

〔註29〕 黃侃：《日知錄校記序》，《日知錄集釋（外七種）》，上海古籍出版社，1985 年版，第 3358 頁。

〔註30〕 《日知錄集釋（外七種）》，上海古籍出版社，1985 年版，第 28 頁。

〔註31〕 周可真：《明清之際新仁學：顧炎武思想研究》，中國大百科全書出版社，2006 年版，第 17 頁。

〔註32〕 （清）顧炎武：《顧亭林詩文集》，中華書局，1983 版，第 98 頁。

不為。而既以明道救人，則於當今之所通患，而未嘗專指其人者，亦遂不敢以闕也。」〔註33〕然其書終以「治道」為中心，旨在「救世」。顧炎武「經術」功力欠深，前十卷雖以經解經，但缺少洞見；雖抱「明道」之志，卻乏「明道」之術。他厭惡宋明理學，欲復三代之道，以上古之道覆蓋宋明之理。他在改變學風方面確乎取得了巨大的成功，可謂明清之際學術思想界之陳涉。平心而論，以樸學打壓理學，以考據學取代理學，反而窒息了理路，功耶？過耶？所謂「語言學的轉向」未必是正確的發展方向，顧炎武在這方面的工作以往被過於誇大，現在似乎應該重新估價。

潘耒在《日知錄序》中論及書中內容時也說：「先生著書不一種，此《日知錄》，則其稽古有得，隨時札記，久而類次成書者。凡經義史學、官方吏治、財賦典禮、輿地藝文之屬，一一疏通其源流，考正其謬誤。至於歎禮教之衰遲，傷風俗之頹敗，則古稱先，規切時弊，尤為深切著明。」〔註34〕其中官方吏治、財賦典禮、輿地藝文等大都與治道相關。而顧炎武在於黃宗羲的信中也說：「頃過薊門，見貴門人陳、萬兩君，具諗起居無恙。因出大著《待訪錄》讀之再三，於是知天下之未嘗無人，百王之敝可以復起，而三代之盛可以徐還也。……炎武以管見為《日知錄》一書，竊自幸其中所論，同於先生者十之六七。」〔註35〕《與楊雪臣書》：「意在撥亂滌污，法古用夏，啟多聞於來學，待一治於後王。」〔註36〕《與人書八》：「引古籌今，亦吾儒經世之用。」〔註37〕《裴村記》：「自治道愈下，而國無強宗；無強宗，是以無立國；無立國，是以內潰外畔而卒至於亡。然則宗法之存，非所以扶人紀而張國勢者乎？……夫不能復封建之治，而欲藉士大夫之勢以立其國者，其在重氏族哉！其在重氏族哉！」〔註38〕可見，顧炎武是將自己的《日知錄》與黃宗羲的《明

〔註33〕（清）顧炎武：《顧亭林詩文集》，中華書局，1983 版，第 91 頁。

〔註34〕《日知錄集釋（外七種）》，上海古籍出版社，1985 年版，第 25 頁。

〔註35〕（清）顧炎武：《與黃太沖書》，《顧亭林詩文集》，中華書局，1983 版，第 238 ～239 頁。關於顧炎武與黃宗羲之比較，章學誠《文史通義·浙東學術》認為：「世推顧亭林氏為開國儒宗，然自是浙西之學。不知同時有黃梨洲氏，出於浙東，雖與顧氏並峙，而上宗王、劉，下開二萬，較之顧氏，源遠而流長矣。顧氏宗朱，而黃氏宗陸。蓋非講學專家，各持門戶之見者，故互相推服，而不相非詆。學者不可無宗主，而必不可有門戶，故浙東、浙西道並行而不悖也。浙東貴專家，浙西尚博雅，各因其習而習也。」

〔註36〕（清）顧炎武：《顧亭林詩文集》，中華書局，1983 版，第 139 頁。

〔註37〕（清）顧炎武：《顧亭林詩文集》，中華書局，1983 版，第 93 頁。

〔註38〕（清）顧炎武：《顧亭林詩文集》，中華書局，1983 版，第 100 頁。

夷待訪錄》歸為同一類著作，即經世之書。

　　至乾隆年間清廷編修《四庫全書》，四庫館臣於《日知錄》提要中又對其內容進行細分：「書中不分門目，而編次先後則略以類從。大抵前七卷皆論經義，八卷至十二卷皆論政事，十三卷論世風，十四卷、十五卷論禮制，十六卷、十七卷皆論科舉，十八卷至二十一卷皆論藝文，二十二卷至二十四卷雜論名義，二十五卷論古事真妄，二十六卷論史法，二十七卷論注書，二十八卷論雜事，二十九卷論兵及外國事，三十卷論天象術數，三十一卷論地理，三十二卷為雜考證。」〔註39〕四庫館臣從每卷的具體內容上對《日知錄》進行介紹，其實已經失去分類的意義，只是一種對具體內容的陳述，凸顯了《日知錄》「博聞」的特點，在一定程度上淡化了《日知錄》「經術／治道／博聞」三分的結構，尤其是弱化了治道在《日知錄》中的體現，這與四庫館臣激烈批評顧炎武「喜談經世之務」的思想是一致的。這顯然是別有用心，意欲誤導後世讀書之人。己所不欲，強施於人，設置思想的「防火牆」，這是古代專制統治者慣用的伎倆。

　　民國時期發現的《日知錄》雍正抄本三十二卷與潘耒刻本卷次略有不同，但仍大致遵循經術、治道、博聞三分的結構，徐文珊在《原抄本顧炎武〈日知錄〉評介》一文中說：「依原抄本所分卷帙為一至十卷，經術：其序為《易經》《書經》《詩經》《春秋》《周禮》《儀禮》《禮記》《大學》《中庸》《論語》《孟子》。中篇治道，應為十一至二十九卷。餘三卷為博聞。治道內容豐富，範圍極廣。舉其要者，計有地方政制、中央政制、選舉、田賦、土地制度、財政經濟、吏治、政治得失、風俗、婚喪祭禮、科舉、文字、史學、古代郡國制度、姓氏諡號、倫理制度、掌故、正史述評、經史子集注疏述評、華夷風俗等。第三篇博聞中，則有天文、五行、怪異、鬼神、地理、雜記等類。」〔註40〕

　　可見，《日知錄》所涉內容雖廣，但大致可分經術、治道、博聞三類，基本上符合顧炎武對該書內容的構思，可以大致反映顧炎武自身的知識結構與學術思想結構。三者之中，治道最優，博聞次之，而經術最劣。一言以蔽之，《日知錄》根本上是一部經世之書與救世之書。

〔註39〕　（清）永瑢等編：《四庫全書總目》，見《景印文淵閣四庫全書》第 3 冊，商務印書館 1983 年版，第 590 頁。

〔註40〕　徐文珊：《原抄本顧炎武〈日知錄〉評介》，《原抄本日知錄》，臺灣明倫書局，1979 年版，第 1004 頁。

四、《日知錄》的歷史地位

　　顧炎武辭世之後，學界對其《日知錄》的評價也經歷了一番變化，而從這一變化我們就可以窺探《日知錄》的歷史地位。

　　首先，潘耒作為顧炎武弟子，其在刊刻《日知錄》並為之作序時，對顧炎武及《日知錄》都作出了極為重要的評價。潘耒《日知錄序》曰：

> 有通儒之學，有俗儒之學。學者將以明體適用也，綜貫百家，上下千載，詳考其得失之故，而斷之於心，筆之於書，朝章國典，民風土俗，元元本本，無不洞悉。其術足以匡時，其言足以救世，是謂通儒之學。若夫雕琢辭章，綴輯故實，或高談而不根，或剿說而無當，深淺不同，同為俗學而已矣。……崑山顧寧人先生，生長世族，少負絕異之資，潛心古學，九經諸史略能背誦，尤留心當世之故，實錄、奏報，手自抄節，經世要務，一一講求。當明末年，奮欲有所自樹，而迄不得試，窮約以老。然憂天閔人之志，未嘗少衰，事關民生國命者，必窮源溯本，討論其所以然。足跡半天下，所至交其賢豪長者，考其山川風俗，疾苦利病，如指諸掌；精力絕人，無他嗜好，自少至老，未嘗一日廢書，出必載書簏以隨，旅店少休，披尋搜討，曾無倦色。有一疑義，反覆參考，必歸於至當；有一獨見，援古證今，必暢其說而後止。當代文人才士甚多，然語學問，必斂衽推顧先生。凡制度典禮有不能明者，必質諸先生；墜文軼事有不知者，必征諸先生。先生手畫口誦，探原竟委，人人各得其意而去。天下無賢不肖，皆知先生為通儒也。先生著書不一種，此《日知錄》則其稽古有得，隨時札記，久而類次成書者。……嗚呼！先生非一世之人，此書非一世之書也。魏司馬朗復井田之議，至易代而後行；元虞集京東水利之策，至異世而見用。立言不為一時，《錄》中固已言之矣。異日有整頓民物之責者，讀是書而憬然覺悟，採用其說，見諸施行，於世道人心實非小補。如第以考據之精詳，文辭之博辨，歎服而稱述焉，則非先生所以著此書之意也。〔註41〕

潘耒以「通儒」定位顧炎武，既得到當時學者的認同，也是後世學者的共識，而最能體現顧炎武「通儒之學」的便是這部《日知錄》。「綜貫百家，上下千載」是「通儒之學」的表現形式，而從上文對《日知錄》內容的分析，不難

〔註41〕《日知錄集釋（外七種）》，上海古籍出版社，1985年版，第23～26頁。

看出它是具有這樣的特點的。而「通儒之學」最重要的內涵則在於「明體適用」，即所謂「其術足以匡時，其言足以救世」。若徒具「綜貫百家，上下千載」之表，而無匡時、救世之用，這樣的學問也算不上「通儒之學」。所以，潘耒認為顧炎武《日知錄》一書「立言不為一時」，並非「一世之書」，雖然在清初未能發揮其作用，但日後若能採其說而施行，必能有益於世道人心，而這正是顧炎武撰《日知錄》之本心，可以說是對顧炎武「有王者起，將以見諸行事，以躋斯世於治古之隆」〔註42〕的期盼的進一步發揮，也奠定了《日知錄》這部著作的歷史基調。

但《日知錄》的行世，還是影響到了清代學者著述的體式，筆記、札記體的著作大量產生，且其內容以考據為主，進而成為清代考據學的重要表現形式。但這些模仿《日知錄》而成的著作能具「綜貫百家，上下千載」的形式已屬不易，能夠做到「明體適用」的極少。

此後，程晉芳在乾隆三十七年（1772）讀完顧炎武的《日知錄》時，對其「明體適用」的追求給予了肯定，認為：「由明以上，迄於秦漢，儒家者流，學博而精，所見者大，坐而言可起而行者，殆無幾人。惟亭林及黃子梨洲於書無所不通，而又能得古聖賢之用心，於修己治人之術，獨探其要，其所論述，實有可見諸行事者。」〔註43〕但他認為《日知錄》的內容卻並非全盤接受，而是採取批判地繼承的態度：「不患其書不傳，患在後之人以為言言可信，將悉舉而行之，更易成憲，日趨於綜覈煩瑣而不覺，是又不可不辨也。亭林欲以米絹易銀，行均田，改選法，之數者有必不能行，有行之而必不能無弊；其可行者，惟學校、貢舉耳。雖然，豈易言哉！不徐徐有以易之，鮮有不潰敗決裂者。梨洲則必欲復封建、井田，此則童孺皆知其不可矣。真儒不世出，而同時並生，言可為後世法，猶或錯雜紕繆若是，後之人其何賴焉！」〔註44〕可見，顧炎武編撰《日知錄》雖有經世致用之意，但其主張並非完全適用於當下社會現實，所以並不能據此而任意更改成憲。雖然，程晉芳對顧炎武「真儒」的評價不如潘耒的「通儒」高，但二人對顧炎武《日知錄》的關注點是一致的，即都集中討論《日知錄》在「明體適用」方面的成就，即儒家經世致用之學。程晉芳還特意批評了閻若璩駁正《日知錄》考據失誤的

〔註42〕《日知錄集釋（外七種）》，上海古籍出版社，1985 年版，第 28～29 頁。
〔註43〕（清）程晉芳：《勉行堂詩文集》，黃山書社，2012 年版，第 769 頁。
〔註44〕（清）程晉芳：《勉行堂詩文集》，黃山書社，2012 年版，第 769 頁。

行為，說：「太原閻伯詩有《補正日知錄》一卷，所見者猶小。」〔註45〕可見，在程晉芳看來，《日知錄》的主張是否有益世用是其大端，考證是否精密是其小節，真儒當識其大者，而不必偏執於小者。

隨後，清廷開四庫館編修《四庫全書》，四庫館臣在為《日知錄》所作提要中，卻極力表揚其考據之功，而批評其經世之用。程晉芳雖入四庫館編修《四庫全書》，但很顯然其主張並未得到採納。《日知錄》提要曰：

> 炎武學有本原，博贍而能通貫，每一事必詳其始末，參以證佐而後筆之於書。故引據浩繁，而牴牾者少，非如楊慎、焦竑諸人偶然涉獵，得一義之異同，知其一而不知其二者。……惟炎武生於明末，喜談經世之務，激於時事，慨然以復古為志，其說或迂而難行，或憤而過銳。觀所作《音學五書後序》，至謂聖人復起，必舉今日之音而還之淳古，是豈可行之事乎？潘耒作是書序，乃盛稱其經濟，而以考據精詳為末務，殆非篤論矣。〔註46〕

四庫館臣的這一評價與《四庫全書總目》整體上的學術評價標準一致，即「重考據，輕義理」，也與引導當時逐漸興起的考據學風氣有關。而其直接點名批評潘耒在《日知錄序》中盛讚顧炎武經世之學的做法，也可以看作是清廷對顧炎武代表的明遺民在經世之學的態度，也就是說：清廷可以承認明遺民在學術上的成就，而無法肯定其在政治上的主張，甚至否定其欲在政治上有所作為的想法。

嘉道以降，清廷政治高壓逐漸減弱，加之西方列強逐漸進入中國，經世之學再度興起，學界對顧炎武《日知錄》的評價又重新聚焦到其經世之學上來。黃汝成（1799～1837，字庸玉，嘉定人）為之編纂《日知錄集釋》，其敘曰：

> 自明體達用之學不修，儁生巨材，日事纂述，而鴻通瓌異之資，遂率隳敗於詞章訓詁、襞績破碎之中。……崑山顧亭林先生，質敏而學勤，誼醇而節峻，出處貞亮，固已合於大賢。雖遭明末喪亂，遷徙流離，而撰述不廢，先後成書二百餘卷，閎廓奧賾，咸職體要，而智力尤瘁者，此也。其言經史之微文大義、良法善政，務推禮樂

〔註45〕 （清）程晉芳：《勉行堂詩文集》，黃山書社，2012年版，第770頁。
〔註46〕 （清）永瑢等：《四庫全書總目》，見《景印文淵閣四庫全書》第3冊，商務印書館1983年版，第590頁。

德刑之本，以達質文否泰之遷嬗，錯綜其理，會通其旨。至於賦稅、
田畝、職官、選舉、錢幣、權量、水利、河渠、漕運、鹽鐵、人材、
軍旅，凡關家國之制，皆洞悉其所由盛衰利弊，而慨然著其化裁通
變之道，詞尤切至明白。其餘考辨，亦極賅洽。……元、明諸儒，
其流失喜空言心性，凡講說經世之事者，則又迂執寡要。先生因時
立言，頗綜覈名實，意雖救偏，而議極峻正，直俟諸百世不惑，而
使天下曉然於儒術之果可尊信者也。……先生著述閎通，是書理道
尤博，學術政治，皆綜隆替，視彼篡言，奚啻瓶罌。……先生負經
世之志，著資治之書，舉措更張，言尤慨切。〔註47〕

黃汝成也稱讚顧炎武的經世之學，認為《日知錄》兼學術與政治為一體，屬於
「明體達用」的「資治之書」；而對於顧炎武《日知錄》考據成就，僅曰「極
賅洽」而已。這就重新將《日知錄》界定為一部「經世致用」之書。

　　章學誠《文史通義·答客問中》認為：「高明者多獨斷之學，沉潛者尚考
索之功，天下之學術不能不具此二途。」他把顧炎武歸為「沉潛者尚考索之
功」一路，曾評斷《日知錄》只是「存為功力，而不可以為著作」，〔註48〕而
把其獨斷之學的一面予以抹殺，這無疑是一種極其簡單粗暴的誤讀與誤判。
梁啟超起初亦認為《日知錄》「本非著作，不過儲著作之資料」，但在兩年之
後，梁啟超又改變觀念，斷定《日知錄》是由作者「精心結撰」而「含有意
義」的「一部精製品」，這就近乎是把《日知錄》當作一部「著作」來看待了。
這表明梁氏對於《日知錄》性質的認識前後是有變化的，但這種變化不是愈
來愈偏離事實，而是越來越切近事實了。〔註49〕周可真教授認為，《日知錄》
是顧炎武傾注其平生心力而精心製做的、系統論述其「經術」和「治道」思
想的一部理論性著作，只是這部書是出於一個非常時代的一部非常著作，故
比起通常的著作來便顯得其比較特殊，它粗看起來活像是一部札記性質的
書，對於未加深究抑或由於時代囿限而對之抱有某種成見的人來說，的確是
很難把它同一般的著作特別是思想性很強的著作聯繫到一起的。然而，是著
作而不像著作，這恰是《日知錄》這部書的獨特之處，也是其奧妙所在。這
種似非而是的「怪」現象，乃是由於作者獨出心裁的思想表述方式而造成的，

〔註47〕 《日知錄集釋（外七種）》，上海古籍出版社，1985年版，第7～11頁。
〔註48〕 （清）章學誠《與林秀才書》，《章氏遺書》卷九，吳興劉氏嘉業堂刊本。
〔註49〕 周可真：《顧炎武哲學研究活動之考察》，方克立主編《中國傳統哲學的現代詮
　　　　釋》，商務印書館2003年版，第622頁。

這種讓他人來為自己代言的思想表述方式，不僅和他的史學方法論思想密不可分，更與其倡導「尊德性」與「道問學」的統一有著內在的關聯。〔註50〕周可真教授的看法比較接近事實，我們深表贊同。

顧炎武畢生精力編撰的《日知錄》，雖然因限於時勢，其主張既不能見用於當時，也不能完全適用於後世，但學者對其經世致用的主張則大都是贊同的，這也是後世學者理解這部著作的關鍵點。但由於《日知錄》在形式和內容上又與考據學相關，它在考據學史上也有重要地位，並且深深地影響了整個清代考據學的發展，也是後世將顧炎武界定為「清代考據學開山之祖」的重要依據。所以，顧炎武的《日知錄》在清代經世學和考據學兩個方面都具有重要的歷史地位。

從縱向來看，「《周禮》→《通典》→《日知錄》」的鏈條關係向來未見道破，其實三書之間存在高度的內在關聯，一脈相通，息息相關，於此尤其能夠窺探個中三昧。從橫向來看，《日知錄》與《讀通鑑論》《明夷待訪錄》是同類性質的著作，與《資治通鑑》一樣，皆具資治功能。

縱觀中華古代著作史，筆者擬提出「新九通」說，具體又分為：「上三通」──《周易》《尚書》《周禮》，「中三通」──《通典》《資治通鑑》《文獻通考》，「下三通」──《日知錄》《讀通鑑論》《明夷待訪錄》。「新九通」是中華古代著作史上最具代表性的不朽之作。於此也可大體窺見《日知錄》在中華文化史上的重要地位。

五、《日知錄》的當代價值

《日知錄》一書的價值，雖然未能如顧炎武原本預期的那樣，在之後達到「明學術，正人心，撥亂世，以興太平之事」〔註51〕的作用，但它對於當代社會仍有著極其重要的價值。

（一）學術層面

在學術層面，《日知錄》的價值是不言而喻的。首先，顧炎武撰寫《日知錄》這一過程本身便對當代學術研究具有重要啟示意義。顧炎武對自己撰寫《日知錄》，有「採銅於山而鑄錢」的比喻，即重視從原始文獻出發，從中發掘有用材料進行撰述的行為，而不是像其他人那樣「買廢銅充鑄」，依據他人

〔註50〕周可真：《顧炎武哲學思想研究‧導論》，當代中國出版社，1999年版。
〔註51〕《日知錄集釋（外七種）》，上海古籍出版社，1985年版，第27頁。

著作中的二手材料，拼湊出新的著作。「自別來一載，早夜誦讀，反覆尋究，僅得十餘條」。〔註52〕於此可見顧炎武撰寫《日知錄》過程之艱辛。顧炎武對《日知錄》的內容選取也非常苛刻，「或古人先我而有者，則遂削之」，〔註53〕努力使《日知錄》的內容都是自己獨特思考所得而來，即使是與古人暗合之處，一旦發現也要淘汰。這與現代學術強調學術創新、學術創造的主張是一致的。顧炎武在撰寫《日知錄》過程中體現的這種學術精神也正是當下學者應該繼承和發揚的，對建立完善學術體系、促進學術創新發展具有重大意義。

其次，顧炎武撰寫《日知錄》過程中所用的學術方法對當代學術研究仍有借鑒價值。《日知錄》在主旨上雖以經世致用為主，卻以經史考據為主要形式，這也是它被後世學者看作是考據學著作的原因。在《日知錄》中，顧炎武對考據學方法的系統運用，為清代考據學奠定了方法論基礎，而這些考據學方法在當代學術的發展中仍具有重要借鑒價值。如在進行考證時，顧炎武注重對例證的大量搜集，並按時間、類別等安排證據，使考據過程雖引證浩繁而井然有序，也是結論更加具有可信性，《總目》稱讚顧炎武「引據浩繁而牴牾者少，非如楊慎、焦竑諸人偶然涉獵，得一義之異同，知其一而不知其二者」，〔註54〕就是指明了顧炎武考據學與之前考據學的區別。顧炎武這種通過大量例證來進行歸納的考據學方法也成為清代考據學最主要的方法，以致有不少學者批評清代考據學有過於繁瑣之弊端。但在現代學術研究的實證方面，顧炎武這種講求大量例證進行歸納結論的考據學方法，仍是值得提倡的方法，並不會因為時代的發展而被淘汰。此外，顧炎武在論證過程中對材料的真偽、來源等也極為重視，對於金石碑刻等文獻講求實地目驗，而不人云亦云，也與現代學術的實證精神相一致。而他強調注明引證材料的出處，而不能臆造文獻來證明觀點的做法，也符合當代學術規範的標準。

最後，顧炎武在《日知錄》一書中提出的許多問題仍值得當代學者繼續思考。顧炎武在《日知錄》裏討論了很多問題，有些是前人已經討論過的，顧炎武提出了新觀點；有些是顧炎武提出的問題，並嘗試給出解答，同時也成為後來學者討論的問題。可以說，《日知錄》是一部具有「問題意識」的著作。圍繞他所提出的形形色色的問題，三百年來展開了無窮無盡的探討。捲入的人數

〔註52〕《日知錄集釋（外七種）》，上海古籍出版社，1985年版，第28頁。
〔註53〕《日知錄集釋（外七種）》，上海古籍出版社，1985年版，第2625頁。
〔註54〕（清）永瑢等編：《四庫全書總目》，見《景印文淵閣四庫全書》第3冊，商務印書館1983年版，第590頁。

之多、範圍之廣，超乎人們的相像，可以毫不誇張地說，具有憂患意識的中國學者幾乎無不捲入其中，從清代初期而中期而後期而民國，直到當下，各種各樣的討論一直沒有停止。雖然隨著時代的發展，現代人面臨的問題和要解決的問題已經發生了改變，但有些根本性的問題仍然存在，顧炎武《日知錄》中的觀點對當代學者的問題思考仍有價值。如《日知錄》「直言」條強調「政教風俗苟非盡善，即許庶人之議」，就是關於個人言論與國家政治之間關係的問題，是對儒家傳統中「天下有道，則庶人不議」這一命題的反思，使之重新具有批判意味，而不再淪為專制統治者壓制政治言論的工具。

（二）社會層面

在社會層面，《日知錄》中某些價值觀念仍對當代社會仍有指導作用。

第一，天下興亡，匹夫有責。此語出自《日知錄》「正始」條：「保國者，其君其臣，肉食者謀之；保天下者，匹夫之賤，與有責焉耳矣。」顧炎武在這裡區分了普通人對國家與天下，也就是一家一姓的王朝與承載華夏文化的整個中華民族二者之間的責任差異，使人認清了專制王朝的本質，為中華文化的傳承提供了理論基礎，也必將繼續為中華優秀傳統文化的復興起到凝聚人心的作用。有人認為，顧炎武所說的「天下興亡，匹夫有責」實際上只是為了維護封建道德。這完全是對《日知錄》的誤讀，沒有理解他所闡述的「亡國」與「亡天下」之辨。他說「易姓改號謂之亡國」，「仁義充塞，而至於率獸食人，人將相食，謂之亡天下」；又說「保國者，其君其臣，肉食者謀之」；而保天下，則是「匹夫之賤與有責焉耳矣」。從表面上看，顧炎武認為「亡國」與「亡天下」是兩回事，「保國」與「保天下」也是兩回事；但是，我們千萬不要忽略了以上引文中還有十分重要的一句話，即：「知保天下，然後知保其國。」這句話在顧炎武關於「天下興亡，匹夫有責」的論述中具有關鍵的意義，因為它深刻闡明了「保天下」與「保國」的關係：「保國」決非與匹夫無關，而匹夫只有意識到「保天下」的重要性，才能更為自覺地投身「保國」的民族保衛戰爭中去。謀劃如何「保國」固然主要是「肉食者」的責任，但知道了「保天下」的重要性，然後自覺投身「保國」的民族保衛戰爭，則是每一個普通民眾都應承擔的歷史責任。忽略了顧炎武所說的「知保天下，然後知保其國」這句話，就會得出如時下某些學者所說的「顧炎武認為保國與普通民眾無關」的錯誤結論。我們不能因為顧炎武把愛國與忠君相聯繫，就說他所提倡的「天下興亡，匹夫有責」只是為了維護封建道德，因為這不合乎歷

史事實：在當時的歷史條件下，只有漢民族的敗類才「無父無君」，投靠滿清，為虎作倀。明朝雖然滅亡了，但顧炎武堅信，只要「天下」不亡，即愛國之心不亡，民族氣節不亡，民族的復興就有希望。顧炎武強調「天下興亡，匹夫有責」，正是寄希望於廣大民眾的民族意識的覺醒。〔註 55〕民族復興，匹夫有責，每一個中華兒女都責無旁貸。無論是到了最危險的時候，還是到了最輝煌的時刻，我們都要牢記顧炎武的教誨──「天下興亡，匹夫有責」。《與人書七》亦云：「匹夫之心，天下人之心也。」〔註 56〕可資合參。

第二，博學於文，行己有恥。顧炎武要求學者們要做到「博學於文，行己有恥」八個字。《與友人論學書》：「愚所謂聖人之道者如之何？曰『博學於文』，曰『行己有恥』。……而不先言恥，則為無本之人；非好古而多聞，則為空虛之學。以無本之人而講空虛之學，吾見其日從事於聖人，而去之彌遠也。」〔註 57〕「博學於文」是學問上的要求，「行己有恥」是對學者人格的要求；但二者是有密切的內在聯繫的：「博學於文」要求「行己有恥」，一個熱衷於功名利祿之追求，因而不可能做到「行己有恥」的人，是根本不可能做到「博學於文」，即在學術研究上作出實實在在的貢獻的；只有能夠耐得住寂寞，能夠以堅強的意志抵禦住各種外在的誘惑，把世俗所歆慕追求的一切看得無足輕重，方能做到「行己有恥」，亦方能做到「博學於文」。這正體現著他所提倡的樸學學風與人格塑造的內在一致性。〔註 58〕「以無本之人而講空虛之學」，當今學者已經徹底陷入功名利祿的魔咒之中，為完成各種指標、爭取各種名號而浮沉，既做不到「博學於文」，更做不到「行己有恥」。絕大多數的人圍繞學術 GDP 的指揮棒轉，爭取各種學術資源，跑項目，發論文，炮製學術垃圾，製造量化指標。古人云：「事能知足心常泰，人到無求品只高。」現在的學界浮躁至極，學術權貴貪得無厭，永不知足，後進之士也盲目躁進，力爭上游，置人格於不顧，跑場子，拉關係，求上進，不亦樂乎。在我們看來，「博學於文，行己有恥」八個字正是解除魔咒的秘訣。

第三，端正人心，移風易俗。顧炎武認為：「法制禁令，王者之所不廢，而非所以為治也。其本在正人心，厚風俗而已。」〔註 59〕《與人書九》亦云：

〔註 55〕 許蘇民：《顧炎武評傳》，南京大學出版社，2006 年版，第 435～441 頁。
〔註 56〕 （清）顧炎武：《顧亭林詩文集》，中華書局，1983 版，第 92 頁。
〔註 57〕 （清）顧炎武：《顧亭林詩文集》，中華書局，1983 版，第 40 頁。
〔註 58〕 許蘇民：《顧炎武評傳》，南京大學出版社，2006 年版，第 422 頁。
〔註 59〕 （清）顧炎武：《日知錄》卷八「法制」條。

「目擊世趨，方知治亂之關必在人心風俗，而所以轉移人心，整頓風俗，則教化紀綱為不可闕矣。百年必世養之而不足，一朝一夕敗之而有餘。」〔註60〕明朝後期政治黑暗，當朝大臣許國如是說：「大臣之義，在定國是，今黑白混淆，紀綱紊亂，國是如此，而臣不能定，一宜去。大臣之義，在正人心，今流言廣布，讒說肆行，人心如此，而臣不能正，二宜去。大臣之義，在保安善類，今用一人，朝賢暮佞，持一議，甲是乙非，大臣數見詆排，老成皆無固志，善類如此，而臣不能保安，三宜去。」〔註61〕顧炎武也目睹晚明法制之弊端，秦法密於凝脂，「法禁之多，乃所以為趣亡之具」〔註62〕，對症下藥，他想以簡馭繁，回到儒家，儒法並用，而立法以救法是治標不治本，治本必須從正人心做起，「導之以德，齊之以禮，有恥且格」，〔註63〕從而達到移風易俗的目的。這也可以說是顧炎武的著述宗旨。顧炎武不是一個純粹的儒家，而是一個以儒家思想為主體，同時採擷百家菁華的雜家。並世大儒湯斌《蘇州府儒學碑記》亦云：「國家興治化在正人心，而正人心在崇經術。」〔註64〕可謂英雄所見略同。當今復興中華文化，也應當從正人心做起，進而恢覆文化自信。

此外，《日知錄》中還集中論述了歷代風俗的演變，即中國古代社會道德風氣的變化，認為「天下無不可變之風俗」〔註65〕，所以在現實政治生活中，應該時刻人心風俗為重，不能為了眼前利益而敗壞社會風氣，而使風俗日漸沉淪。又如《日知錄》「國史秘書」條通過考察歷代官方對宮廷檔案、藏書的不同態度，探究古今學術之興衰，批評明代「密於禁史而疏於作人，工於藏書而拙於敷教」的愚民政策，這對「信息大爆炸」時代國家處理保障信息公開與維護社會穩定之間的關係方面有一定的指導作用。

毋庸諱言，顧炎武有超乎尋常的批評意識，他對八股文的批評有其合理性，但否定過了頭，沒有掌握好「度」。真理向前跨出一小步就變成了謬論。《日知錄》中有很多似是而非的觀點，與顧炎武的否定性思維方式有關。現代學術強調價值中立。而顧炎武身處神州陸沉之際，義憤填膺，無法做到價值中立，他的許多觀點往往氣衝斗牛，雖傳誦一時，轟動當代，但並非萬世至論。

〔註60〕（清）顧炎武：《顧亭林詩文集》，中華書局，1983 版，第 93 頁。

〔註61〕《明神顯皇帝實錄》卷一百五十。

〔註62〕（清）顧炎武：《日知錄》卷八「法制」條。顧炎武認為：「天下之事，固非法之所能防也。」

〔註63〕《論語》卷一《為政第二》。

〔註64〕四庫本《江南通志》卷八十七《學校志》。

〔註65〕（清）顧炎武：《日知錄》卷十三「宋世風俗」條。

六、《日知錄》的主要傳世版本

現在《日知錄》的傳世版本主要有四個系統，分別如下：

（一）符山堂刻本

符山堂刻本乃顧炎武生前所刻，共八卷，康熙九年刊刻，是《日知錄》的最早刻本。當時流傳較廣，而後世則流傳較少，學界一度以為該本或已亡佚。晚清時，繆荃孫曾藏此書，後歸傅增湘。民國時，鄧之誠又藏有八卷本稿本，而未見刻本，其《桑園讀書記》載：「《日知錄》八卷稿本，其一卷《易》《書》《詩》，二卷《春秋》，三卷《論》《孟》，四至七卷《考史》，八卷《地理》。……按《日知錄》八卷本，刻於康熙九年。昔年繆筱珊有其書，後歸傅增湘，予屢從傅借閱不得。據全祖望《經史問答》五，謂初刻《日知錄》有『七七本於《易》七日來復』一條。今此本附於『三年之喪』條，云：……末十四字塗去。八卷末『勞山』條，後附有《與李煥章辨地理書》，今《日知錄》不載，別刻入《譎觚》。今未見初刻本，不知與此本異同何若。」〔註66〕此後，潘景鄭又於書肆購得一刻本，後由上海古籍出版社於 1985 年影印出版，收入《日知錄集釋（外七種）》中，書前有一九五五年九月潘氏識語：「丁丑歲，余從事《日知錄補校》之業，羅致各本，勘其同異，求得符山堂原刻八卷之本，迄未一覯。旋讀傅氏《雙鑒樓藏書續記》著錄是本，云得自藝風散笈。擬乞藏園龥借，逡巡未果。國難驟作，移家滬上，篋中藏本，半付劫灰。丹黃舊夢，益不遑重理及之。滄桑迭更，大地重光，余復傭書來滬，賡理舊業。偶於市肆獲觀斯帙，為之狂喜，廿載夢縈，一旦欣遇，翰墨因緣，又豈偶然哉！是書內容與後刻本異同，誠如藏園所舉。惜卷八缺去首葉，致『九州』條下佚文，未窺全豹。所附《譎觚十事》，與今本間有出入。固知前賢功業無止境，隨得隨削，不護前失，尤足為師法也。按先生自序云：『上章閹茂之歲，刻此八卷。歷今六七年，老而益進，始悔向日學之不博，見之不卓，其中疏漏，往往而有，而其書已行於世，不可掩。漸次增改，得二十餘卷，欲更刻之，而猶未敢自以為定，故先以舊本質之同志。』云云。據是則當日傳佈未必少。又何意三百年後，乃如景星慶雲，不獲一見乎！余服膺斯書，逾二十年，遇合之有緣，開函莊誦，不禁為之心開目朗焉。率書數語，以誌快事。」〔註67〕

〔註66〕鄧之誠：《桑園讀書記》，遼寧教育出版社，1998 年版，第 93～94 頁。
〔註67〕見《日知錄集釋（外七種）》，第 2621～2622 頁。

（二）遂初堂刻本

遂初堂刻本是在顧炎武死後，於康熙三十四年由其弟子潘耒所刻，共三十二卷。這是在清中期比較流行的一個版本系統，乾隆年間曾多次重刊，四庫館編修《四庫全書》，其中所收《日知錄》即據此版本而來；阮元編修《皇清經解》，其中所收《日知錄》即據此本而來，而有所刪節，非全本。今人所編《清代學術筆記叢刊》（學苑出版社 2005 年版）所收《日知錄》即康熙三十四年遂初堂初刻本。

（三）黃氏集釋本

黃氏集釋本即黃汝成所編《日知錄集釋》，初刊於道光初年，至道光十四年黃汝成又重刊訂為定本（西溪草廬重刊定本），潘景鄭論道光初刻本曰：「是本與道光十四年重定本頗有出入，初刻《集釋》較略，如卷二『三江』條下，重定本增釋一頁，初刻無之。諸如此類甚多。」〔註68〕此後，《日知錄集釋》道光十四年重定本成為《日知錄》最通行的版本，同治七年漢陽朝宗書室活字本、同治八年廣州述古堂重刻本、光緒十二年上海點石齋印書局石印本、光緒十三年上海同文書局石印本、民國元年武漢湖北官書處刻本、光緒及民國間上海錦章圖書局石印本、1928 及 1945 年上海掃葉山房石印本、1928 及 1936 上海中華書局石印本，等都是黃氏集釋本的重刊本。《日知錄集釋（外七種）》所收即道光十四年西溪草廬重刊定本，陳垣《日知錄校注》也是據黃氏集釋本批校而來，秦克誠、欒保群等人整理的也是黃氏集釋本。

（四）雍正原抄本

在以上三種刻本系統之外，又有一種雍正間抄本，民國間由張繼所得，黃侃曾據此作《日知錄校記》，其序曰：「滄縣張繼溥泉以所得舊抄本《日知錄》見示，其題簽云『何義門批校精抄本』，書前有光熙、李慎、父翠堂、殷樹柏諸家印跡，書中有朱筆、藍筆評校，書法頗拙，改字又多不當，評語時傷庸陋，必非何焯所為。抄者避清諱至『胤』字而止，蓋雍正時人也。以黃汝成《集釋》及《刊誤》與抄本對校，則《刊誤》所云『原寫本作某』者，抄本類與之同。《集釋》中據原本及引沈彤校本補潘耒刻本者，抄本亦多完具。知抄本實自原本移寫，良可寶也。」〔註69〕此本後經徐文珊點校出版，

〔註68〕潘景鄭：《日知錄版本考略》，《日知錄集釋（外七種）》，第 3446 頁。
〔註69〕黃侃：《日知錄校記序》，《日知錄集釋（外七種）》，第 3357～3358 頁。

題《原抄本顧亭林日知錄》，有臺灣明倫出版社 1958 年版、平平出版社 1974
年版、文史哲出版社 1979 年版等。張京華《日知錄校釋》（嶽麓書社 2011
年版）即據徐文珊點校本為底本整理而成，也屬於雍正原抄本系統。

除以上所列《日知錄》四種版本系統外，關於《日知錄》文字校勘的著作
有：黃汝成《日知錄刊誤》二卷、《日知錄續刊誤》二卷，李遇孫《日知錄續
補正》三卷，丁晏《日知錄校正》一卷，俞樾《日知錄小箋》一卷，黃侃《日
知錄校記》二卷，潘景鄭《日知錄補校》一卷等，均已收入《日知錄集釋（外
七種）》之中，可資參考。

我的學生王獻松博士對本文也有所貢獻，特此鳴謝

明代文化世家的
地域文獻生產意圖與動因

李玉寶、周瀟

　　我國封建社會自隋代開始實行科舉取士，因科舉入仕會帶來政治地位、財富、名譽、鄉望等諸多好處，所以家族中讀書士子一般都會趨之若鶩。當這個家族一旦有人通過科舉進入仕途，這個家族就會成為文化家族，文化家族重視對子女的教育，重視文獻的累積與傳承。這種重視又轉化為一種具有家風性質的潛移默化的內在精神驅動力，促使後世子孫更加積極進取，以維持家聲不墜，家族長盛不衰，這種「家祚」綿長的家族就是文化世家。文化世家是明代地方社會一支非常重要的基層力量，對基層社會的政治、經濟、文化都產生了極其巨大的影響，如地方社會治理、道路橋樑修建，義莊義塾創辦等必須取得他們的支持才能取得成功。同時他們也是地域文獻生產的主要力量，各地方志、子書、地域文學總集及家譜、家乘、家族文集等家族文獻大部分是由文學世家生產出來的。法國史學家兼批評家丹納（Hippolyte Adolphe Taine，1828～1893）從類似於「上層建築」的角度指出了藝術品生產的動因所在，丹納在《藝術品的產生》中說：「作品的產生取決於時代精神和周圍的風俗。」丹納在這裡強調了作為風俗習慣和時代精神的社會環境的作用，它「決定藝術品的種類。」〔註1〕這是藝術品生產的「社會心理」規律。因此，對明代文學世家子弟編纂地域文獻的意圖進行探究，對明代地域文獻產出的社會心理進行分析與建構，可以一定程度上揭示明代地域文獻繁榮的動因所在。

〔註1〕〔法〕丹納：《藝術哲學》，人民文學出版社，1997年，第32、38頁。

一、地域文化價值重構——志書、子書、總集類文獻的編撰意圖

地域文化的價值重構意識是明代地域文獻編纂的內在動力，也是明代地域文獻興盛的重要原因。「維桑與梓，必恭敬止」〔註2〕，中國人自古就對故鄉懷有深厚的感情，所謂睹喬木而思故家，考文獻而愛舊邦，如何將地理時空上的「桑梓」概念轉化為引以為傲的「文化符號」，一直是歷代有責任感的地方士人積極思考的問題，這無疑是地域文獻在明代大盛的重要原因。地域文獻的類型涵蓋史、子、集三部，利用鄉邦的文化遺產在時間和空間上進行文化重構便成為地域文人的自覺追求。

（一）對地域歷史的全面梳理

地方志作為一個地區的史書，是重要的地方文獻，其發展已歷兩千餘年。歷朝歷代都非常重視方志的編修，方志的功用可以概括為存史、教化、輔治三個方面。明代二百七十餘年，先後出現過洪武之治、建文新政、永樂盛世、仁宣之治、成化新風、弘治中興、嘉靖中興、隆慶新政、萬曆中興等號稱盛世的時期，所謂盛世修史，明時修志，整個明代都對地方志整理保持了濃厚的興趣，《中國古籍總目》所收明代方志共 1011 部，占全部方志的 11.8％，僅次於清代。考慮到戰亂、災害等原因，明代方志的實際數量應該更多。

方志是一方之全史，是對地方文化的發展及其成果的全面梳理和記載，也是一方地域文人自覺構建鄉土文化體系的重要標誌。明清方志的主修者雖為當地府縣長官，但真正主纂者絕大多數是文化世家子弟，有的是因丁憂或致仕居鄉的官員，有的則是極有聲望的鄉賢、大儒。如《松江府志》在明代有四次編纂，分別是《（正統）松江府新志》三卷（魏驥修，孫鼎增修）、《（成化）雲間通志》十八卷（錢岡等纂修）、《（正德）松江府志》三十二卷（顧清等纂）、《（崇禎）松江府志》五十八卷（陳繼儒、俞廷鍔等纂），其主纂者均是松江士人，且皆出自文化世家。不惟松江一地的方誌主要由文化世家子弟纂修，全國各地皆然。萬曆四十一年（1613）的《福州府志》，主修者是福州太守喻正，但真正纂修者也是本地土人。據《（萬曆）福州府志》「凡例」後之「修志姓氏」載，主修者：福州府知府喻政；總裁：南京工部尚書林烴、吏科都給事中林材；纂修：都水司郎中謝肇淛、南京兵部武選司主事王宇；分纂人：舉人鄭槖、貢生馬歘、庠生陳價夫、鄧原芳、朱國珍、鄭邦霑，布衣王毓德、徐㸅；督刻：

福州府照磨歐陽序。其中的總裁和分纂人都是本地士人。再如五卷本《（順治）新鄭縣志》由當時縣令馮嗣京（1573～1622）主修，馮是常熟人。「邑令馮公，因與宿老張光祖、劉楨、李天培、高瑞隆、毛綸、高緒之、李之芍等創新謀始，互相商榷。或訪之名儒，或詢之故老，或參之斷碣殘碑，期年書成，都為五卷」〔註3〕。其主纂人員都是當地有影響的「宿老」。這其中的緣由不言而喻，當地士人對桑梓的熟悉與熱愛是順利推進方志纂修、提升志書纂修質量的保證。

除參與纂修地方正史——方志外，文化世家大族的士人們也撰寫或纂集了大量具有地域特徵的史部、子部著作，以便對本地歷史文化進行立體網狀梳理，從而積極進行地域文化建構。如有明一代松江府較重要的史部著述有曹宗儒的《郡望辨》、董宜陽的《松志備遺》、《上海紀變》，俞汝為的《明代紀錄》、張所敬的《峰泖先賢志》、周紹節的《雲間往哲錄》、何三畏的《雲間志略》、周大韶的《三吳水利考》、李紹文的《雲間雜志》《九峰志》；子部著述有顧清的《傍秋亭雜記》、范廉的《雲間據目抄》、曹家駒的《說夢》、陸深的《儼山外集》、唐錦的《龍江夢餘錄》、何良俊的《四友齋叢說》、楊樞的《松故述》、吳履震的《五茸志逸隨筆》、董含的《三岡始略》、陸樹聲的《清暑筆談》、陳繼儒的《巖幽棲事》等等，這些具有鮮明地方特色的史籍和浸潤了著者深厚感情的筆記著述是松江士人自覺構建地域文化的重要標誌。

（二）對本地標誌性人物的極力揄揚

明代士人在進行地域文化建構時尤其注意構建文化譜系，對於那些歷史上可為文化標誌或道德楷模的名流碩彥，文化世家的士人在史傳、筆記中一再書寫，在表彰前賢中進行道德引領、價值重構，從而塑造地域文脈。

地方主政者在纂修方志時，所選編纂人「必有雄偉俊逸之才，以鋪張庶事；必有淵深博洽之學，以考訂典籍。於上下數千載之間，必有洞達宏遠之識，以出入群史法程，兼之立言、體要，而又慎擇取捨，綜覈名實，斯於所謂志者得之。」其目的在「可以考證古今，可以昭示勸誡，可以經世務而不徒事乎博物，可以濟實用而不徒事乎具文，誠有益於政體，裨於風化。」〔註4〕可

〔註3〕河南省地方志編委會：《河南地方志提要》，河南省地方志編委總編輯室，1982年，第12頁。

〔註4〕〔明〕高耀《保定府志序》，《（萬曆）保定府志》，書目文獻出版社，1992年版，序言第1～2頁。

以說經世務、裨風化是所有方志纂修者都必須堅持的修志原則：「志乘一書，義取彰往示來，所載必有關於國家建置之大，民生利病之實；即嘉言懿行，必事涉名教，有裨世道人心者，方為採摭，非是不敢附會雷同。」〔註5〕尤其作為方志重要組成部分的「人物傳記」，不論是「仕宦」「古今人物傳」「寓賢」「方外」，還是「忠義」「烈女」，都在借人物傳記資料的搜集、撰寫向世人傳達儒家傳統價值觀念，如忠君愛國，重義輕利、操履方正、品端志潔等，藉此影響一地士民，從而塑造風清氣正的民風、士風。

為了積極進行地方文化建構，文化世家中的士人在著述中對桑梓人文不遺餘力的予以襃揚頌美，如松江山水秀美，人傑地靈，松江士人多有讚美，顧清即滿含深情地在筆記中寫道：「東吳之地多水而少山，見於紀載者，數不及三十，秀出而著名者曰九峰而已。而郡之名人韻士，視他邦為特多，文翰之餘，寄興幽遠，若橫雲、鳳凰、玉屏、赤壁、細林之屬，往往麗於名衙，著於篇題，與林屋、洞庭相甲乙。下至溪湖潭澗，丘壑泉石，稍涉名勝者，靡有遺焉。山川之在吾邦，鍾為英秀者無窮，而其情狀之發露，亦已甚矣。」〔註6〕其他如董宜陽的《松江近代人物志》、張所敬的《峰泖先賢志》、周紹節的《雲間往哲錄》等都是在紹述先賢美德、懿行，這些著述客觀上都成為鄉邦文化大廈的不可或缺的資料。

文化世家子弟非常注意利用「名人效應」進行本地文化大廈架構，本地歷史文化名人或可為道德楷模，或可為品性標尺，或在書畫等藝術領域有巨大影響，或在文學領域有卓越成就，士人們將其選如方志中，成為鮮活的材料。如袁凱是明初松江府著名詩人，在松江詩壇有重要影響，何景明目其為「國初詩人之冠」。顧清主纂《（正德）松江府志》卷三十載袁凱傳記為：

> 袁凱字景文，其先蜀人，占籍華亭。父介，字可潛，元末為府掾，以詩名吳中。凱長身古貌，言議英發，尤長於詩，專學杜工部，如《客中》《除夕》《江上早秋》等作，雜之杜集中，殆不能辨。洪武中為御史，故老相傳，上一日錄囚畢，令凱送東宮覆審，遞減之。凱還覆命，問：朕與東宮孰是？凱頓首曰：陛下法之正，東宮心之慈。上大喜，悉從之，後以疾罷歸，卒。所著有《在野集》，朱應祥

〔註5〕上海市地方志辦公室：《川沙撫民廳志》，上海古籍出版社，2011 年，凡例第 11 頁。

〔註6〕顧清：《顧汝亨一山記》，《東江家藏集》卷二十一。

為之序。

對錄囚一事中袁凱的表現，顧志載朱元璋態度為「上大喜」。一百年後的《（崇禎）松江府志》繼承了顧志的寫法。而同樣是錄囚這件事及由其衍生出來的相關事情，陸深在其筆記《金臺紀聞》中要曲折有趣得多：

> 袁凱，字景文，別號海叟。有《海叟集》行於世，國初詩人之冠冕。吾鄉人，仕為御史。太祖高皇帝嘗欲戮一人，皇太子懇釋之，召凱問曰：朕欲刑之，而東宮欲釋之，孰是？凱對曰：陛下刑之者，法之正；東朝釋之者，心之慈。太祖怒，以為凱持兩端，下之獄。凱下獄三日不食，太祖遣人勸之食，已而宥之。每臨朝見凱，嘗曰：是持兩端者。凱一日趨朝，過金水橋，詭得風疾，僕不起。太祖曰：風疾當不仁。命以木鑽鑽之，凱忍死不為動，以為闒茸不才，放歸田里。凱歸，以鐵索鎖項，自毀形骸。太祖每念之曰，東海走卻大鰻鱺，何處尋得？遣使即其家，起為本郡儒學教授，鄉飲為大賓。凱瞠目熟視使者，唱《月兒高》一曲，使者覆命，以為凱誠風矣，遂置之。聞之都主事玄敬穆。余少聞故老談景文既以疾歸，使家人以炒麵攪沙糖從竹筒出之，狀類豬犬下，潛布於籬根水涯，景文匍匐往取食之，太祖使人覘知，以為食不潔矣。豈所謂自免於禍者耶？〔註7〕

將顧志和陸深《金臺紀聞》紀載相比可以發現，顧志中的袁凱儘管可以看出其機智、有才氣，但形象略顯單薄。而陸深筆記中的袁凱形象要豐滿得多，機智、老於謀算而充滿情趣。恰恰是這些充滿了人格魅力、文化特質、文學特色的地方士人以其人生追求、藝術成就深刻影響著松江後人，塑造了松江的地域人文之美。故松江後人反覆刊刻其遺集，以實現對其人格特質、魅力形象的塑造。明清兩代 500 餘年，松江後人刊刻的袁凱詩集就有十餘次之多！袁凱外，陳子龍、夏完淳、徐孚遠、侯峒曾、黃淳耀等上海地區在道德、文章方面有積極影響的士人的作品也不斷得到後人的輯補、刊刻，其用意顯然在表彰先賢，樹立地方道德楷模，實現道義的價值引領。

（三）對地域詩文總集的搜集編纂

地方詩文總集的編撰也是文人進行地域文化價值建構的重要方式。《中國古籍總目》中「總集類・地域之屬」所收明人整理的地方總集有146種，占全

〔註7〕〔明〕陸深：《金臺紀聞》，《叢書集成初編》第 2906 冊，上海商務印書館，1937 年，第 6 頁。

部的 26%，僅次於清代。地方總集的絕大多數編纂者為本地文化世家的子弟〔註8〕，其編纂目的主要在保存地方文獻，但紹述英傑人物，彰顯地域之美、進行文化建構的用意也是很明顯的。

程敏政（1446～1499）是南直隸徽州府休寧人，後居歙縣篁墩（今屯溪），成化弘治間著名學者、詩人，他歷時三十年編纂成一百卷《新安文獻志》。程氏在前言中說：

> 新安在國朝為畿輔，踞大鄣山之麓，地勢斗絕，視他郡獨高。昔人測之，謂其地平視天目尖，而水之出婺源者，西下為鄱湖；出休寧者，東下為浙江，其山川雄深若此。秦漢以來多列仙，意猶不足當之。於是我開府忠壯公及越國汪公前後以布衣起義旅，坐全其土地民人於禍亂，沒而為神，千餘年不替益靈。迨中世，則休寧之程北徙洛而得兩夫子，婺源之朱南徙閩而得文公，嗣孔孟之統而開絕學於無窮，其人物卓偉若此。一時名公碩儒與夫節孝、材武、遺老、貞媛之屬，文煥乎簡編，行播乎州里，而紀載之書散出無統，有志於稽古尚賢者，蓋屢屬意焉。

程敏政歷數新安山川之美、人物之傑，對故鄉充滿誇讚之情，感於文獻或沒於兵燹，或因人珍秘不宣湮沒無聞，遂著意於「稽古尚賢」，成此搜緝地方文獻之志。

明代地域文學異常繁榮，這和明代地方士人自覺的文化建設有極大關係。其措施之一即在通過地方詩文總集的編纂，以紹述文統，為振興地方文化、文學服務。《晉安風雅》十二卷是明代福建文學家徐𤊹整理的一部地方詩文總集。他在序中說：

> 明興二百餘年，八體四聲，物色昭代，鬱鬱彬彬，倚歟盛矣。高廟之時，林膳部鴻崛起草昧，一洗元習，陶鈞六義，復還正始，懸標樹幟，騷雅所宗。門有二玄，實為入室，屬詞比事，具體而微。高待詔棅、王典籍恭、王檢討偁、唐觀察泰，追述古則，私淑閫奧，各成一家，十子之名，播於宇內。同時賢才輩出，羅布衣泰、林學士志切磋彌篤，秋苑聿興。又有鄭迪、趙迪、林敏、鄭定貴於丘園，銳志詞賦，取裁爾雅，斐然成章矣；成弘以降，林文安父子、陳方伯群從秩位惟崇，對揚廊廟，而風人之致，溢於言外；林司空、許

〔註8〕張冬冬：《明清地方詩文總集考述》，2014年上海師範大學博士論文，第16頁。

黃門讚揚詞旨，海內騰聲，賡歌太平，於斯為邕；正嘉之際，作者
雲集，鄭吏部善夫實執牛耳，虎視中原，而高、傅二山人左提右挈，
閩中雅道，遂曰中興。時有郭戶部波、林太守春澤、林通政炫、張
尚書經、龔祭酒用卿、劉給捨世揚為輔，斯蓋不世之才，粲然可觀
者也；世宗中歲，先達君子沿習遺風，斯道孔振，袁舍人表、馬參
軍熒區別體裁，精研格律，金相玉振，質有其文。迨於今日，家懷
黑槧，戶操紅鉛，朝諷夕吟，先風後雅，非藻繪菁華不談，非驚人
絕代不語，抱玉者聯肩，握珠者踵武，開壇結社，馳騁藝林，可謂
超軼前朝，縱橫當代者矣。伊余不慧，忝際盛時，目想心遊，實竊
有志。屏居之暇，採輯遺編，搜羅逸刻，得梨棗朽壞之餘，起桑梓
敬恭之念，摛為八卷，總二百人六十有奇，上而格合漢魏六朝，下
而體宗貞元大曆，調有偏長，詞必兼善者，不論窮達顯晦，皆因時
採拾，以彰吾郡文物之美。〔註9〕

徐𤊹將有明二百餘年閩中高廟之時、成弘以降、正嘉之際、世宗中歲、
萬曆時期各不同階段文質彬彬的作家一一列出，其實質就在紹述文脈，為閩
中文壇建立譜系；並期望以「格合漢魏六朝，體宗貞元大曆」的閩中二百六
十餘人的詩作，為同時人或後人提供一部學詩的範本，希望閩派風雅常興、
閩中文學一直繁榮下去。

二、追述祖德與傳承文脈——家族文獻生產的倫理動因

家族文獻是地域文獻的重要構成部分，其中家史類文獻包括宗譜、族譜、
家譜、家乘；文學類文獻主要是家族總集、先人合集等。地域文獻的產出依靠
世家子弟濃厚的鄉土意識，宗族觀念和顯親揚名的傳統心理則是家族文獻最
根本的催生因素。

（一）追述祖先懿德嘉行——家史類文獻

家乘原意是記載私家之事的文錄，又稱家傳、家紀等，族譜和家譜則是
一種以表譜形式，記載一個以血緣關係為主體的家族世系繁衍和重要人物事
蹟的特殊圖書體裁，是由記載古代帝王諸侯世系、事蹟而逐漸演變來的，是
中國最具平民特色的文獻。家乘有時與家譜合二為一，有少量的家譜也冠以

〔註9〕〔明〕徐𤊹：《晉安風雅序》〔A〕，《四庫全書存目叢書》第345冊，濟南：齊
魯書社，1997年版，第376頁。

家乘之名，隋以後漸漸興盛。唐宋之間，由帝室貴冑為主體的官修譜向基層社會家族為主體的私修譜擴展，這種私修譜一直延續至明清，成為一種廣泛存在的文化現象。正如丘濬所云：「唐以前皆屬於官，宋以後則人家自為之，當時有廬陵歐陽氏、眉山蘇氏二家譜，今世士夫家亦往往仿而為之。」〔註10〕

「顯親揚名」的傳統意識是家族文獻生產的重要倫理動因。儒家以孝為立身之本，以仁政為立國之基，故孝也就成為儒家核心教義「仁」的基石。《論語》云：「孝悌也者，其仁之本。」後世儒家將孝具體化、世俗化為政治、社會、家庭的方方面面。司馬談臨終前對兒子司馬遷說：「孝始於事親，中於事君，終於立身。揚名於後世，以顯父母，此孝之大者。」〔註11〕將孝與修身、事親、忠君聯繫起來，並且強調揚名後世，榮顯父母，此為大孝。故而利用譜牒保存家族繁衍的體系、記錄家族發展的歷史、用家乘追述先人嘉言懿行成為文化世家大族成員的共同需求。其背後的深層心理則是光宗耀祖、壯大家族聲望、為子孫立楷模、激發後世為家族奮鬥的熱情等。

明代確立了以宣揚和實踐「三綱五常」為修譜宗旨，記載光宗耀祖的「恩榮」業績，頌揚「忠臣孝子」「義夫節婦」的不凡行實，就構成了家譜的一項重要內容。尤其是《孝女傳》《烈女傳》《貞女傳》等婦女傳記，是前代所未有的。嘉靖十四年（1535）修成的《張氏統宗世譜》正文第三部分是「傳」。有《忠孝傳》《節義傳》《功勳傳》《政事傳》《隱逸傳》《著作傳》《廟墓傳》等眾多名目，收錄了各類張氏人物的傳記及廟宇墓地等內容，其中多數傳記都是由當地世家名流或地方官所撰寫。正文第五部分是《圖像贊》，收錄了從張良到明代一些張氏人物的畫像，並附有小傳和像贊。這些內容描繪祖先容貌，追述祖先懿德嘉行，使祖先的形象變得生動，富有感召人，教育家族子弟的作用也隨之增強。

此外，封建社會以宗法制度為根基，傳統的門第觀念深植於人心，與門閥制度相伴而來的虛榮心理，對高門大戶出身的渴慕，都可以通過纂修家譜的方式來達到炫耀家族昔日輝煌、攀附權貴的目的。如《張氏統宗世譜》第二部分《張氏統宗世系表》，用圖表形式列出了從始祖張揮開始的 117 個衍派的世系傳承，每個人物下面有生卒年、妻室、宦跡等內容，修譜者為了最大程度上光

〔註10〕 邱濬：《大學衍義補》卷五十三，《叢書集成三編》第 12 冊，新文豐出版公司，1996 年，第 157 頁。

〔註11〕 〔漢〕司馬遷：《史記·太史公自序》卷一百三十，中華書局，1965 年，第 3295頁。

宗耀祖，誇大張氏人物的地位，經常把毫不相關的張姓名族拼湊在一起，張冠李戴、攀龍附鳳之處比比皆是，顯親揚名的用意是非常明顯的。當然，這一觀念的強化也使得牒譜、家傳類史料的可信度大打折扣，不得不說這是家史類文獻由於其性質帶來的一個先天的缺陷。

（二）彰顯家族文脈傳承——文學類家族文獻

中國有詩書傳家的觀念和傳統，強調文化教育在家族發展中的重要作用，家族發展過程中無論是從務農或工商或軍戶起家，其發展的目的都是渴望成為詩禮簪纓之族，詩書繼世之家。成為文化世家的標誌一是科舉人口，一是文集著述。這是區別一個單純的人口望族與文化家族的顯著條件。文集著述的繁榮較之科考功名更易獲得，因此也更容易成為家族文人追求的目標。明代的科舉制度催生了大量文學世家，而文學世家非常重視家族文獻的累積與傳承。明人在炫耀門第、揚名顯親的思想影響下將家族著述刻集傳世、彰顯家族文脈傳承的行為也更為常見。

一是立言不朽思想和揚名顯親意識結合，促使詩文別集大量生產出來。中國古代的立德、立功、立言三不朽思想對後世士人產生了極其深遠的影響，尤其自漢魏文學的自覺後，立言不朽意識逐漸成為士人的自覺行動，越到後期這種意識越強烈，對後世文化、文學產生了巨大影響。明人尤其熱衷立言傳世，「刻部稿」是明代士人矢志不渝的追求，故明代別集多過歷史上任何一個時代。對此熱衷刻集現象，唐順之頗為譏諷的說：「宇宙間有一二事，人人見慣而絕是可笑者，其屠沽細人有一碗飯吃，其死後則必有一篇墓誌；其達官貴人與中科第人，稍有名目在世間者，其死後則必有一部詩文刻集，如生而飯食、死而棺槨之不可缺。此事非特三代以上所無，雖唐漢以前亦絕無此事。幸而所謂墓誌與詩文集者皆不久泯滅，然其往者滅矣，而在者尚滿屋也，若皆存在世間，即使以大地為架子，亦安頓不下矣。」〔註12〕由唐順之的話可以看出，明代的詩文別集數量是極其龐大的。

對祖先的手澤視若珍寶，想盡一切辦法進行刊刻、保存，如有散佚，也會千方百計進行輯補。松江府張弼（1425~1487）字汝弼，號東海，成化二年（1466）進士，官至南安知府，著有《張東海詩集文集》八卷。張弼詩、文、書俱佳，尤其草書，譽滿中外，求書者如縷，故其詩文常常為人購去，

〔註12〕〔明〕唐順之：《重刊荊川先生文集·答王遵岩書》，張元濟《四部叢刊初編》，1922 年，卷六。

這給後世子孫搜緝其逸作帶來了極大困難。張弼去世後三十年，其季子弘至終於輯補成編，然闕訛甚多，故崇禎間張弼五世孫張安豫、張安榤及康熙三十六年（1697）七世孫張世綏、張世圻又兩次增補，康熙間增補本詩文由初刻時的詩 410 首文 150 首增加到康熙刻本的詩 867 首文 207 首，詩歌增加一倍多，張弼詩文集至此才算大體完備。迨至道光十四年（1834）張弼十一世孫張崇銘又進行了最後一次刊刻，如果從張弼卒年（1487）算起，至康熙刻本付梓面世為止，張弼後人孜孜不倦地輯補了二百一十年！在此輯補過程中，後世子孫都懷著一種神聖的使命感，態度極為虔敬、恭謹，惟恐遺誤，愧對先人。

有的後人為保存、刊刻先人遺著，歷盡磨難。甚至不惜鬻田賣產籌措資金刊刻先人遺集。如明吳縣（今屬江蘇蘇州）以黃魯曾、黃省曾為代表的吳縣黃氏家族是當地著名文化世家大族。黃省曾子黃姬水（1509～1574）有《黃淳父先生全集》二十四卷，為姬水之子黃嘉芳輯刻。黃姬水時代，受倭患影響，家道已中落。黃嘉芳為刻父集，不得已賣田籌資。長洲（今屬蘇州）人皇甫汸為黃姬水作墓誌銘說：「（嘉芳）父卒，悲哀愈於母時，乃盡棄其橐中金營喪葬，又棄負郭田以梓父集。」〔註 13〕賣田梓集，於孝道倫理之外，保存文獻的責任意識也是重要原因。像上文張弼家族、黃省曾家族這樣對先人文稿兢兢以存，如有遺散，鍥而不捨給予輯補，不惜一切刊刻行世的現象在明代非常普遍。明代文獻生產、保存呈現父編子刊孫護的形式，這已經成為家族文獻生產、整理的不成文家規。有學者統計，「明代江蘇中、後期存世的 261 種文集中，屬於集主生前及其子孫編輯的文集共有 207 種，占總數的近 80%。」〔註 14〕

二是編纂家族合集，構建家族文學傳統。有的家族為了更好的保存文獻，往往採用編刊家集的方式集中保存先世的精神遺產。《文氏家藏集》是萬曆十六年吳中文肇祉輯錄祖孫五代詩文集刊刻而成之家集，內含肇祉高祖文洪的《文涑水詩》、曾祖文林的《文溫州詩》、文林弟文森的《文中丞詩》、祖父文徵明的《文太史詩》、父親文彭的《文博士詩》、叔父文嘉的《文和州詩》及自己《錄事詩集》，這樣明代文氏一族五代七人的文學精華就薈萃於一部《文氏家藏集》中了。文肇祉在集前序中論其編刊此家集時說：

〔註 13〕〔明〕皇甫汸：《黃淳父先生墓誌銘》，《黃淳父先生全集》，見《四庫全書存目叢書》第 186 冊，齊魯書社，1997 年版，第 506 頁。
〔註 14〕劉廷乾：《江蘇明代作家文集述考》，南京大學出版社，2014 年，第 23 頁。

　　歲丙戌（1586），余解組歸，則與家弟子俳嗟板本悉朽，先澤日湮也，乃捐薄俸重校而售之剞劂，且以傲讐之語綴於末簡，而子俳弟《蘭雪齋集》附焉。夫談詩家者詎不以先太史濬其源、吾父叔衍其流哉？而淵源所自，則淶水、溫州、中丞公已為之前旌矣。鍥成，客曰：子大父世簪紱而世詞翰，勵節樹勳，為三吳典型，庶幾晉王恬氏與？余起而謝曰：不穀無似不能顯揚先人令德，安敢望王氏？惟是簡編輝映，世澤不磨，爰鏤成冊，藏之篋笥，俾後世子孫有所考求，斯或不朽云爾。〔註15〕

　　文肇祉雖自謙說「不能顯揚先人令德」，但褒美先人成就，希望「斯或不朽」的傳世意識非常明顯。在整理、保存先世手澤的過程中，孝道思想、責任意識是家族成員投入其中的重要倫理動因。

三、文化世家是文獻生產與傳承的主要力量

　　明代的文化世家是我國封建社會後期的一支重要力量，他們也是地域文獻生產的主要力量，地方志、子部著述、地方詩文總集及家譜、家乘、詩文別集等家族文獻大部分都是文化世家生產的，這與中國古代社會士人們「修身、齊家、治國、平天下」的責任意識和孝道思想有極大關係。明代士人們地域意識高漲，他們胸懷家國、天下，同時對地域文化價值構建有極其強烈的使命感，他們積極參與地方志、子部著述、地方詩文總集的編撰、輯錄中去，期望在此過程中保存地方文獻，進而實現道德重塑、價值引領的目的。同時文化世家的士人們又有強烈的刻集傳世意識，這種意識和揚名顯親的孝道思想結合在一起，使家譜、家乘、家族詩文別集等家族文獻大量生產出來，對於先人創作的精神產品，後世子孫總會懷著虔敬的心情予以保存，如有散佚，也會想盡辦法進行補輯、刊刻，使之傳承下去。士人們生產的這些文獻客觀上對地方的經世致用、道德教化起著潛移默化的影響。在文獻的整理與傳承中，家族的科舉中式者往往是整個事件的主要發起人和組織者，其他家族成員也會為了傳承先人創作或輯錄的遺產積極奔走。家族文獻也是地方文獻，地方文獻也是民族文獻的有機組成部分。站著民族文獻傳承的角度說，文化世家的文獻生產與傳承是中華民族幾千年來文獻綿綿不絕、文化不斷發揚光大的內在動力。

〔註15〕〔明〕文肇祉：《家藏詩集序》，《文史家藏集》卷首，明萬曆十六年文肇祉刻本。

求學・藏書・著述
——清代大藏書家張金吾的書香人生

林存陽

　　說起張金吾，大家或許並不陌生，因為學術界尤其是從事藏書文化研究的同仁，對張金吾在藏書方面的成就和貢獻，已經做了不少的探討和表彰。不過，除了作為藏書大家外，張金吾在學術研究、編纂大型經學叢書方面的艱辛努力和成就，也很值得關注。或許是受客觀條件的限制吧，學界同仁對有關張金吾的一些重要文獻，尚未給予充分重視和利用。比如，張金吾自撰的年譜——《言舊錄》（道光五年、三十九歲撰，後又續至道光八年，即其去世的前一年；劉承幹 1913 年 12 月跋）、文集——《愛日精廬文稿》（復旦大學出版社，2008 年；《清代詩文集彙編》亦收入，第 554 冊，上海古籍出版社，2010 年；鄭永曉整理，鳳凰出版社，2015 年，「中國近現代稀見史料叢刊」第二輯），以及涵芬樓編的《詒經堂續經解目錄》等。尤其是《詒經堂續經解目錄》，很少見有學者提及，更不用說利用了。然而，這幾種文獻對全面瞭解張金吾其人、其學，以及把握他在清代學術史上的地位和影響，都非常重要，甚至是破解一些相關問題的關鍵資源。

　　本文擬從如下三個方面，概略梳理一下張金吾在治學、藏書、編寫大型經學叢書上的取向、成就和其間的甘苦，以便對其不平凡而又頗為坎坷的人生歷程，有一個較為清晰的認識。不當或疏略之處，敬請大雅誨正。

一、張金吾其人與為學

　　張金吾是一位生活於乾隆至道光年間的讀書人。他出生於乾隆五十二年

八月初七日（1787年9月18日），出生地為蘇州府昭文縣詣經堂故宅。這一年，他父親張光基已經50歲了，晚年再添一子，全家人都非常高興。為了紀念這件大喜事，祖父張仁濟給孫子命名「金吾」，並給他取了個小名——「五十」。後來，嘉慶七年（1802）、金吾16歲時，叔父張海鵬又為他取字「慎旃」，別字「月霄」。道光九年（1829），張金吾去世，年僅43歲。

從6歲起，張金吾開始識字讀書。他的第一位啟蒙老師，是其同父異母的二姐。除了教金吾識字，二姐還教他讀《孝經》《大學》兩種書。7歲時，金吾受業於同里一位姓董的私塾先生。第二年，又轉從黃廷鑒先生學習。接下來的14年間，在黃廷鑒的指導下，金吾不僅廣泛涉獵了《四書》《五經》《通鑒綱目》《資治通鑒》汲古閣《十七史》《十三經注疏》等文獻，學做詩和八股文，而且開始從事撰述。儘管他學業上有了很大的進步，但在科舉之路上卻久困場屋。對此，作為老師的黃廷鑒，認為責任在自己，感到十分內疚，加上嘉慶十二年（1807）冬天生了一場病，所以決定辭去教職，並極力推薦張鐸代替自己教授金吾。說來也巧，張鐸執教後不久，金吾便於嘉慶十三年二月學政萬承風主持的院試中，中了秀才。然而，命運似乎給張金吾開了個玩笑，自成為生員（諸生）後，他雖然曾多次赴南京參加鄉試考試，但都名落孫山。不過，科場的失意，並沒使金吾意志消沉，相反，卻堅定了他致力於讀書、治學、藏書、著述的意志，從而成就了一番無論在學術還是藏書史上的卓著業績。

在張金吾的進取道路上，有四個人對他產生了重要影響。這四個人是：叔父張海鵬、恩師黃廷鑒、摯友陳揆、妻子季景和。

張海鵬是一位大家熟知的乾嘉時期著名的大藏書家，尤以刊刻大型叢書、類書和總集而有功於學林，如《學津討源》《墨海金壺》《借月山房匯抄》《太平御覽》等。他對金吾的影響，主要表現為：一是在生活上對金吾照顧得無微不至。金吾13歲時，父親光基先生去世；16歲時，母親邵太孺人也去世了。這對尚不能獨立料理家務的少年金吾來說，是一個不小的打擊。這時候，海鵬先生和夫人屈氏毅然肩負起教養金吾的重任，使他感受到親情的溫暖。海鵬夫婦之所以有此擔當，是因為金吾母親臨去世時，將金吾託付給他們；並對金吾說：你若能讀書循理，聽叔父的話，我也就瞑目了。而金吾的祖母蘇太恭人於金吾母親去世後，也叮囑海鵬夫婦說：金吾少孤無依，就靠你們夫婦呵護了，你們不要辜負嫂子的重託。後來的事實表明，海鵬夫婦

確實沒辜負嫂子的託付和母親的教誨，他們像對待兒子一樣，不僅幫金吾經理田產、租稅，而且為他完了婚。二是引導金吾向學。金吾母親去世後，海鵬先生便讓金吾到步道巷來跟著自己讀書，校刊《學津討源》等書時，也讓他參與校讎，並經常以「讀書敦本、無墜家聲」激勵金吾。正是在海鵬夫婦言傳身教的薰陶下，金吾得以無後顧之憂地盡力於讀書、治學。所以，當海鵬先生於嘉慶二十一年閏六月初十日（1816 年 8 月 3 日）去世時，金吾感念叔父深恩道：「金吾之稍克成立，叔父之教也。」又在為叔父寫的傳中，再次強調：「金吾自讀書外，性無他嗜，田租井稅，尤不措意……二十年兀然端坐，窮搜博覽，非叔父之力不及此。」由此不難看出海鵬先生在金吾成長過程中的重要性了。

黃廷鑒也是位喜歡藏書的讀書人，治學尤長於考辨，精於為文。在他長達 14 年的精心培養下，金吾於讀書治學皆有很大的收穫。從他們的詩文回憶中，不難看出，兩人在這段歲月裏，相處得非常融洽，可謂亦師亦友。不惟如此，他們後來依然保持著很密切的聯繫。除了談學論文，切磋心得，兩人還經常相伴外出訪書、抄書。在金吾眼裏，黃廷鑒先生既是一位品學兼優的長者，更是一位兼具經師、人師的楷模。正是在恩師為人為學品格的感召下，金吾也像老師那樣，不僅嗜書好古，不為世俗之學，而且凡從事著述，皆務為其難，既能博，又能精。

金吾一生，交朋友非常謹慎。在他為數不多的友朋中，能「以學問相切磋，而同以藏書為志者」，只有陳揆一人。金吾家住西關，陳揆家稍南，相距不到半里，所以經常你來我往，賞奇辨疑，有無通假。正因為兩人親密無間，肝膽相照，因此便常常直言相勵。如陳揆曾對金吾說：「著述不惟其多，惟其精……內不足者急於人知，君子求其在己而已……務一時之名，甚無謂也……文不可不作，亦不可苟作。」對此，金吾虛心接受，認為不啻忠言、良藥。不過，這兩位好朋友雖然志趣相投，但在對藏書的看法上則略有不同。如：金吾鍾情於經部書籍，兼愛宋元人詩文集，陳揆則喜好史書、地方志以及說部之書；金吾於書，樂於與人共享，有求必應，陳揆則偏好在家中安靜地讀書研學，慎於出借自己的藏書。儘管存在這些差異，兩人間的深厚友誼卻並沒受到任何影響，恰恰體現了君子「和而不同」的精神。

金吾的妻子季景和，出身書香門第，在家庭環境薰陶下，從小喜好讀書，能作詩和古文。由於不輕易寫作，向別人展示，所以很少有人知道她在這方面

的才華。兩人是嘉慶十年（1805）完的婚，當時金吾 19 歲、季氏 18 歲。婚後，夫婦二人不僅感情非常好，而且在金吾的影響下，季氏對古籍越來越感興趣，漸漸地也能辨別宋槧元刊，尤為難能可貴地是，她還鼎力支持金吾購書、藏書。

另外，季氏還像朋友一樣，對金吾常加規勸。如她對金吾說：「君之學問，能博覽，而不能精專」；以你的才華，加上好學，但學問不能大進，是因為「好名」所致，雖然你所好的是「沒世之名」，而非一時之名；你喜好纂述，卻貪多務得。對於妻子「以學問文章相砥礪」的良苦用心，金吾很是感激，以為確實指出了自己的不足。不過，實事求是地說，金吾許多甘願為人梯的做法，是很有意義的，比如他匯輯的《金文最》等，不僅對學界作出了重大貢獻，而且影響深遠。當然，季景和對丈夫的激勵，是希望他取得更大的成就，能卓然成一家之言。

除了以上家學淵源、良師指引、益友砥礪、賢妻相助等因素外，張金吾之所以能在學問上取得驕人成就，關鍵還是他本人付出了艱辛努力。

那麼，他於學問之道是如何一步步實現跨越的呢？

在道光六年（1826）三月撰的《愛日精廬藏書志》自序中，金吾曾對自己的為學經歷做了一番回顧。大體來說，主要有這樣幾個階段：1.少年時喜好作詩；2.稍長，跟隨叔父從事校讎之學；3.繼而廣泛涉獵六經，為考證之學；4.其後，又為聲音訓詁之學；5.再後，又究心於目錄、編纂之學。由這一歷程來看，他不僅治學廣博，而且有著明確的學術宗向，即：尊崇漢儒之學，研經學古，期於求道。這種取向，顯然與那些想通過科舉考試來獵取功名、獲得榮華富貴者，迥異其趣。

正因為張金吾做學問目的明確，而且志存高遠，所以他雖然僅在世 43 年，但取得了令人刮目的成就。

比如，在詩文方面，他將自 14 歲至 21 歲期間寫的 500 餘首詩，刪存十分之二，編成《愛日精廬詩稿》兩卷，可惜這部詩稿沒能流傳下來；他又將所撰之文，刪存十分之六，編成《愛日精廬文稿》六卷，其中除兩篇為代別人寫的外，計 66 篇。清人趙允懷對此書曾有一高度評價，認為：「類聚融會，兼綜條貫，考證不事紛爭，義理必有依據……特其尤所究心，則在參核諸儒，推明漢學。」

校輯考證、音韻訓詁學方面，金吾輯有《兩京新記補遺》（120 條）、《風

俗通姓氏篇》（1 卷）、《尚書義粹》（12 卷）、《鄴中記補遺》（1 卷）、《通志堂經解補闕》（1 卷）。像《販骭質疑》《絲緰積聞》，體現出金吾讀書善疑的精神；《釋龜》《兩漢五經博士考》，展現了其深厚、精湛的考證功力；《廣釋名》《切韻指掌圖音釋》，則彰顯出他在音韻訓詁上的獨特識見。值得特別指出的是，他還鑒於往代學者有關經義的許多論說散見史書而常被忽視的情形，於是從十七史、《通典》《唐會要》等書中凡能夠闡明經訓者，廣泛收輯，彙編成《十七史經說》（12 卷），以「存古訓、廣異義」。對於金吾這一壯舉，大藏書家丁丙稱譽其「枕經葄史之功深矣」！

目錄學方面，張金吾曾把自己的藏書，按照四庫分類法，編成《愛日精廬書目》20 卷，很遺憾這部書失傳了。現在大家熟知的，是他的《愛日精廬藏書志》。這部藏書志，初編成時僅有 4 卷，後來擴大為 36 卷，再後來又續增了 4 卷。張金吾編此書的目的，不是要炫奇耀博，而是意在裨益學問、考鏡源流。正因如此，既喜藏書、又精校讎的顧廣圻，欣然為之撰序，高度讚揚了該書目的價值和意義，認為它不僅「開聚書之門徑」，而且「標讀書之脈絡」，如果喜歡藏書、讀書者能依此書目按圖索驥的話，就會收到事半功倍的成效。

匯萃之學方面，金吾匯輯的《金文最》（120 卷），可說是一部煌煌巨作。所謂「最」，就是會聚的意思。也就是將金代之文盡可能地搜集、彙編在一起。金吾為什麼不惜花費 12 年心血，並三易其稿，輯編這樣一部書呢？他的好友陳揆為本書作序，曾揭示道：「其間典章經制、閭閻勳績，及夫年月、官位之詳，皆足以補史籍之遺，證其異同，又不當僅以文字論也。」也就是說，金吾不惟意在保存一代文獻，更看重的是，通過這些文字表述，展現文化命脈之所在，並藉以考證歷史史實。這也就是陳寅恪先生主張的「文史互證」吧。對於此書，金吾很是愜意！但並未就此止步，後來他又從中遴選出一部分精華，編成《金文選》30 卷。但可惜的是，這部書也失傳了。

此外，張金吾還有一個重大舉動，對於史籍的流佈，很有功獻。那就是他排印了宋人李燾撰的《續資治通鑒長編》。為排印這部多達 520 卷的大書，他延請恩師黃廷鑒幫著校對，歷時 15 個月，印成 200 部。儘管其中存在一些訛誤，但為後人提供了很大便利。比如，浙江巡撫譚鍾麟於光緒五年（1879）再度整理校刊此書時，除利用文瀾閣殘本外，主要依據的就是金吾的愛日精廬本。如果考慮到金吾僅憑個人之財力，就完成了如此艱巨的工作，其甘願奉獻的精神，尤為難能可貴，其艱辛也可想而知了。

根據《言舊錄》所載，茲將張金吾歷年著述臚列如下：

嘉慶十一年、20 歲　集「能古讀如臺」16 證，後改為「能，古臺字，非讀如臺」。

嘉慶十二年、21 歲　著《眅骱質疑》1 卷；又自定《愛日精盧詩稿》2 卷。

嘉慶十三年、22 歲　始著《廣釋名》；嘉慶十八年成 2 卷，嘉慶二十一年刊行；嘉慶二十四年校補後刊入《知不足齋叢書》。

嘉慶十四年、23 歲　著《絲積聞》4 卷。

嘉慶十五年、24 歲　開始採集金代之文；嘉慶二十四年成《金文最》100 卷；道光二年增為 120 卷；道光六年，又編《金文選》30 卷。

嘉慶十六年、25 歲　著《切韻指掌圖音釋》1 卷。

嘉慶十七年、26 歲　始著《雙聲表》；又集古人寢地 6 證。

嘉慶十九年、28 歲　始注《白虎通》。

嘉慶二十年、29 歲　輯《兩京新記補遺》1 卷。

嘉慶二十二年、31 歲　輯《風俗通姓氏篇》1 卷。

嘉慶二十三年、32 歲　編《愛日精盧書目》20 卷；又編《愛日精盧藏書志》4 卷，道光三年重編為 36 卷，道光六年再成《續志》4 卷，道光七年刊 40 卷成。

嘉慶二十四年、33 歲　開始用從錫山所得活字（10 萬餘）排印《續資治通鑒長編》，第二年刊成 200 部。

嘉慶二十五年、34 歲　著《釋龜》2 卷〔分釋名、釋體、釋登、釋藏、釋蒙、釋命、釋作、釋卜、釋兆、釋繇、釋占、釋易 12 目，以存三代龜卜之遺〕。

道光四年、38 歲　輯《鄴中記補遺》1 卷；又開始寫《詒經堂續經解》，道光六年寫定《詒經堂續經解》1400 卷告成。

道光五年、39 歲　著《兩漢五經博士考》3 卷；又自撰年譜《言舊錄》，後又續記，記事至道光八年。

道光六年、40 歲　輯《通志堂經解補闕》〔補通志堂本《尚書全解》所缺第 34 卷、《書說》所缺注中之注、《尚書通考》所缺卷 1 二葉和卷 4 一葉〕。

　　道光七年、41 歲　　自定《愛日精廬文稿》6 卷。

　　由此可見，金吾自 20 歲起，直到去世的前兩年，每年都有撰述。如此好學用功，實在令人欽佩！

　　清人李兆洛曾評價張金吾：「君愛書甚摯，讀書甚勤，校讎纂輯甚富。」連用三個「甚」字，非常貼切地概括了張金吾治學的勤奮、執著和成就。

二、藏書‧理念‧書劫

　　張金吾之所以在學術上取得多方面的成就，不惟在於他刻苦自勵、勤於著述，更得益於其豐富的藏書。而與其他藏書家相較，他的收藏和藏書理念又別具特色。

　　金吾有志藏書，開始於 20 歲時。其後，在妻子季景和的鼎力支持下，更廣搜博討，孜孜不倦。因此，其藏書遂能多達 10 餘萬卷。這一豐富收藏，不僅為同時學林所豔羨，而且成就了張金吾作為一代大藏書家的盛名。

　　張金吾何以能有如此豐富的收藏呢？探其原因，主要有如下幾條途徑：

　　一是承繼家藏圖書。金吾祖上有一個好傳統，那就是喜好藏書。自其曾祖朝績時，就已「勤購書籤充棟宇」了，說明其藏書已較豐富。金吾祖父仁濟、伯祖仁美兩先生賡續家風，再加擴充。仁美先生的藏書，經其子敦均、敦培努力，愈益豐富。仁美先生曾將所藏書籍編為《寶閒齋書目》，又題作《寶閒齋藏書目》（敦培之孫、大鏞之子元齡抄錄），數量已多達 4 萬餘卷，這還不包括無卷數的 40 餘種書，如《九經解》140 種 552 冊、《兩蘇經解》10 冊，以及 3 種曲譜 162 卷、傳奇 141 種等。而仁濟先生的照曠閣藏書，也有萬卷之多，且多宋元舊刻。其子光基，也就是金吾的父親，同樣好書嗜古，而且勤於抄書，如《穎濱詩傳》《龍龕手鏡》《新唐書糾繆》《東觀奏記》《三輔黃圖》《洛陽伽藍記》等；金吾叔父海鵬先生更以刊布古書為己任，因此照曠閣藏書越來越豐富。一家幾代綿延相繼，既發揚了祖上被譽為「儒英」的門風，又在藏書方面為後人奠定了堅實的基礎，金吾就是承祖上之惠澤而崛起的。晚清大藏書家葉昌熾，在《藏書紀事詩》中，曾讚譽張海鵬、金吾叔侄等致力於藏書的家風說：「三世同耕不稅田，後賢功可及先賢。誰為有福誰無福，此語可為知者傳。」阮元在所撰《虞山張氏詒經堂記》中，亦褒揚道：「世傳家學，代有藏書，不但多藏書至八萬餘卷，而撰書至二百餘卷，不但多撰書，抑且多刻書至千數百卷，其所纂著校刻者，古人實賴此與後人接見也……此於古今人謂之有功，於己謂之有福。」

　　二是購買。金吾雖然家境不富裕，但因喜好讀書、藏書，所以常常不惜金錢購書，以充實所藏。蘇州府為藏書家匯萃之地，由於各種原因，大都旋聚旋散。如周錫瓚、顧之逵、黃丕烈的藏書，金吾就從書商手中收購了不少珍本秘笈。黃廷鑒曾說：「四方之名士，書林之賈客，挾秘冊，訪異書，望兩家之門而投止者，絡繹於虞山之麓、尚湖之濱。嘻，盛矣！」他說的「兩家」，指的就是張金吾和陳揆。這從一個側面反映出金吾購藏的盛況。翁同龢《〈詒經堂圖〉書後》中也曾說：「陳與張相埒也，皆不吝善價購書，書賈來則出入兩家，挾以為輕重。」

　　三是抄寫。這又可分為幾種情況：其一，從四庫七閣之一的杭州文瀾閣中抄錄，這部分書在金吾藏書中佔有重要地位；其二，借抄影寫師友之藏書，據《愛日精廬藏書志》所載，這些師友中有黃廷鑒、黃丕烈、陳揆、何元錫等人；其三，從烏鎮鮑廷博知不足齋、金陵朝天宮等處抄錄。如嘉慶二十四年（1819），金吾與業師黃廷鑒一起到鮑家借閱，每天翻看五六百冊。當時正值初暑，白天揮汗如雨，晚上蚊叮蟲咬，一天下來，常常是頭昏目眩。但為了能找到自己需要的文獻，他倆也顧不得這些了。經過 6 天的艱辛搜索，金吾收穫很大，不僅觀看了乾隆御賜給鮑氏的《古今圖書集成》，而且抄到 20 篇難得一見的金代之文。

　　張金吾的藏書不僅豐富，而且收有很多善本。馮惠民先生曾對《愛日精廬藏書志》所收 782 種書的版本做過統計，其中包括「宋本 52 種，元本 104 種，明本 112 種，共 268 種；其餘 500 餘種則為影寫宋元明本及抄本、傳抄本、舊抄本。在這些抄本之中，又有元抄本、明初抄本、精抄本及名人抄校本近百種」。這還不是金吾藏書的全貌。但僅據此來看，也稱得上洋洋大觀了。

　　金吾的藏書印章，有「祕冊」「元本」「詒經堂張氏珍藏」「張金吾藏」「張月霄印」「月霄」等。

　　與其他藏書家的藏書樓不同，張金吾對書籍的儲藏，也頗具特色。過去有一種說法，認為詒經堂就是愛日精廬，或者對其藏書處所含混不清。其實，在《愛日精廬文稿》中，金吾寫過一篇《詒經堂記》，非常詳細地記述了自己的藏書放置情況。

　　茲據此記，將其藏書處所和方位圖示如下：

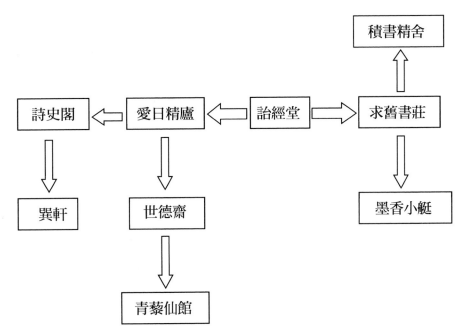

詁經堂：藏古今詁經之書；愛日精廬：讀書之所，藏其父之手澤；世德齋：藏曾大父、大父詩集，十世祖、叔父張海鵬校刊之書；青藜仙館：藏毛晉、何焯、陸貽典等先輩手校諸書；詩史閣：藏元刊本《中州集》及《金文最》、金人著述等；巽軒：藏活字本《資治通鑑長編》；求舊書莊：藏宋元明初刊本；墨香小艇：藏元明舊寫本；積書精舍：藏史子集三部通行之本

　　據此，一些懸疑也就可迎刃而解了。

　　除收藏富、版本精之外，金吾的藏書理念，特色也很鮮明。概括而言，主要體現為這樣三個方面：

　　第一，非為藏而藏，而是期於有裨學術治道。大家知道，由於個人的喜好、取向不同，藏書家有不同的類型。如清人洪亮吉在《北江詩話》中曾把藏書家分為考訂家、校讎家、收藏家、賞鑒家、掠販家幾類；後來葉德輝又釐分為：著述家（考訂、校讎合二為一）、校勘兼收藏家、賞鑒家、純校勘家、既精賞鑒又善校勘等類別。依此來說，張金吾則可稱為收藏兼著述、校勘家。更可注意的是，在金吾看來，人之所以有愚智、賢不肖的差異，關鍵在於學和不學。他強調：欲致力於學，必先讀書；欲讀書，必先藏書，藏書是誦讀之資、學問之本。但不管讀書還是藏書，根本目的則在於看是否有益於學術和治道。如果藏書而不讀書，和不藏書沒什麼兩樣；讀書而不精研深思，根據自己的喜好和能力，成就一番專門絕業，就和不讀書沒什麼區別。正是因為金吾有這樣獨特的藏書理念，所以黃丕烈稱譽他為「真讀書者之藏書」。

　　第二，貴流傳而不自秘。向來藏書之家，大要可分兩途：一為意在流佈，以嘉惠學林，如曹溶、周永年、阮元等；二為吝惜所藏，秘不示人，如澹生堂祁氏、稽瑞樓陳揆等。張金吾無疑屬於前者。他和好友陳揆曾有一段對話，顯示出藏書家對待藏書的兩種態度。陳揆認為：書籍應該珍秘收藏，不珍秘的話，就會流佈廣，而被人輕視；如果書籍因為我的流佈而被輕視，那麼罪過就大了。金吾則持相反意見，認為：書籍需要互通有無，如果秘而不宣，就容易導致傳本稀少，甚至斷絕；這些書若因我而不能流傳下來，罪過就更大了。基於這種通達識見，所以他從來不惜出借自己的藏書，包括珍本秘笈。比如，他曾得到一部元人包希魯撰的《說文解字補義》，這部書十分罕見，何元錫久覓不得，當知道張金吾藏有這部書後，很想從他那裏借抄。金吾得知何元錫這一想法，很慷慨地抄錄了一個副本贈給他。又如，傅紹洛曾在金吾家借讀其藏書，兩年中閱讀了千餘卷。張金吾這一藏書樂與人共的豁達情懷，很像其叔父海鵬先生。海鵬先生曾強調：「藏書不如讀書，讀書不如刻書。藏書者好名，非好學也；讀書者為己，不為人也；若刻書，則上以壽作者，下以惠後學，綿綿延延，傳之無極。夫成就一己，不若成就天下後世之人為愈也！」正是在叔父思想的薰陶下，金吾遂毅然以「惟就吾力之所及，成就天下後世之學者」為己任。

　　第三，重宋槧元刊，更重「審擇」。不同於一些藏書家視宋、元刊本為無價之寶、秘而不宣的做法，張金吾雖然也收藏了眾多宋槧元刊之書，但他對此則有自己獨到的看法。他認為，雖然著錄貴乎秘，但秘籍不盡可珍；槧本貴乎宋，宋槧也不盡可寶，關鍵在於要能「審擇」。那麼，如何「審擇」呢？他提出了一個重要標準，那就是：宋元舊槧有關經史實學，並且世鮮傳本者，為上；書雖習見，無論宋元刊本、舊寫本還是前賢手校本，能夠與今本考證異同的，為次；至於書不經見，而出於近時傳寫的，又在其次。歸根結底，要看這些書是否裨益於學術、治道。這一藏書旨趣，不僅有別於其他許多藏書家，而且為後世提供了一種鑒別善本的重要理論方法，至今猶不失借鑒意義。

　　古人常說：「造化弄人。」這一不幸同樣落到了愛書如命的張金吾身上，使他遭遇了一場痛心疾首的厄運。

　　究竟是怎麼一回事呢？原來，就在張金吾40歲這一年，他的10餘萬藏書，被人「豪奪」而去。對於這場突如其來的變故，不少學者的記述中有所涉及，但都沒詳說具體情形。不過，金吾本人在《言舊錄》裏，對此有較詳

細的記載。據他說,「豪奪」其藏書的是張承渙,時間為道光六年七月二十九日。

張承渙是什麼人呢?真是不說不知道,一說嚇一跳。這個人不是別人,而是金吾伯祖仁美先生的曾孫,也就是金吾的堂侄。關於張承渙,《常昭合志稿》中有一小傳,說他「幼讀書,好蓄古書,積數萬卷……素工詩,尤精詞,不拘一格,妙造自然」。金吾的老師黃廷鑒,也曾作詩誇讚承渙說:「清河公子人中豪,讀書自少具神悟……儲書萬卷珍宋元,懸金購訪不惜數……心期落落師古人,焉肯蹈常與襲故……似君經術文章不兩途,一燈照徹長明炷。」由此可知,張承渙不僅聰明好學,而且也很喜歡藏書。

而從張金吾的有關記述來看,他與承渙之間頗有一些交往。如《愛日精廬藏書志》中,像《尚書金氏注殘本》《水心先生別集》等 9 種古籍,就抄自承渙的藏書;嘉慶二十四年(1819)時,兩人曾一道前往三峰清涼寺讀佛教典籍。承渙還曾為金吾詒經堂撰過銘文,其詞曰:「達士曠懷,豈計長久。空諸一切,詒於何有。」這一看似灑脫的話,卻不幸成了一句讖語!

令人不解的是,以如此近支而又彼此頗有交誼,張承渙何以要採取這樣殘酷的方式奪金吾所愛呢?

對此,金吾自己曾進行了苦苦思索。表面看來,承渙拿走金吾的藏書,是為了抵償他欠自己的債。但是,承渙作為讀書人,文章、詩詞也頗可觀,而且做事循規蹈矩,按理說是不應該做出如此駭人聽聞之舉的。他之所以這樣做,金吾推測,極有可能是出於:要麼利慾薰心,不顧惜名節;要麼對自己的豐富藏書心存覬覦,故意以欠債為藉口,乘機逼迫,以快其心。否則,就是老天爺對自己的考驗,命該如此了。由於目前沒找到更直接的線索,承渙當時究竟是怎麼想的,一時還弄不清楚。但金吾分析的第二種情況,可能性更大。

金吾為什麼會欠承渙錢呢?欠了多少?金吾自己沒說。我們推斷,很有可能是因為:金吾酷愛藏書,又往往不惜重金收購,還常雇人抄書,但他既不善於經營田產,又沒有其他收入來源,所以手頭拮据時,便不得不向他人借錢了,其中就借了承渙的錢。欠債還錢,本無可厚非,但金吾多次用「豪奪」二字來形容承渙此舉,看來 10 萬 4 千餘卷書的價值,要遠遠大於所欠之債了。而承渙如此急著逼迫金吾還債,實在是很不近人情,做得太過分了。

20 多年好不容易積聚起來的藏書遭人「豪奪」,不僅使金吾痛心萬分,更

將其生活推向艱難的境地。在致老師黃廷鑒的信中，他曾感慨道：「金吾所好者，藏書耳，周急振乏耳，孰知藏書與周急振乏之破家，更疾於選妓徵歌一擲百萬之破家也！」而雪上加霜的是，金吾妻子季景和，也因此憂愁抑鬱，加上為病所困，缺乏必要的營養，不久即於失去藏書後的第二年（道光七年）八月，撒手人寰了。這一連串的沉痛打擊，若換成別人，或許就崩潰了。但張金吾並未就此意志消沉，相反，他強忍劇痛，在艱難困苦中，仍然執著於自己的人生追求。

三、《詒經堂續經解》及其厄運

道光四年（1824）至六年（1826），張金吾做了一件無論對經學史還是清代學術史來說，皆有重大意義的事。那就是他從自己的藏書，特別是其中的宋元珍本中，精選出一部分，匯寫成一套大型經解叢書——《詒經堂續經解》。

匯刻經學之書，自宋代就已出現，到了清代，更為盛行，取得的成就也最大。清代學術之所以能集前代之大成，即與此密切相關。

在清代諸多匯刻經學叢書中，像康熙朝前期納蘭性德、徐乾學編刻的《通志堂經解》，道光年間阮元主持彙編的《皇清經解》、錢儀吉編的《經苑》，都是很有影響的大型叢書。而張金吾匯寫的《詒經堂續經解》，成書比阮元主持的《皇清經解》還要早兩年，可以說具有承上啟下的作用。

張金吾這套書，收書 86 種，外加附錄 1 種，雖然比《通志堂經解》所收 140 種、《皇清經解》所收 180 種少，但多於《經苑》所收的 25 種；從卷數來看，計 1437 餘卷，雖比《通志堂經解》1860 卷少，卻與《皇清經解》略等。不過，考慮到徐乾學、阮元皆身為高官顯宦，錢儀吉也由進士出身做過京官，並於晚年掌教河南大梁書院 10 餘年，而張金吾僅為一秀才，其成書之難易自不可同日而語。就此來看，金吾是編尤為難能可貴。

金吾之所以要彙編此書，乃意在賡續納蘭性德、徐乾學《通志堂經解》，以廣其未備。但兩者在收書取向上則有明顯不同：納蘭性德、徐乾學編書目的，在於積極回應朝廷推崇理學的文化政策，所以收書偏於程朱理學之書；張金吾生當乾嘉學派鼎盛之時，雖然擅長考證之學，但並非像有的學者那樣沉溺於繁瑣考據，而是以是否有益於學術、治道為取捨標準，所以他匯收的書，皆為有功經學且流傳稀少者。

張金吾著手彙編《詒經堂續經解》，始於道光四年（1824）閏七月遷居板

橋（距故第里許）之後。此後，雖然其藏書於道光六年七月遭受被「豪奪」之劫，但他仍堅持在這一年的十一月將此書寫定。據《言舊錄》記載，這套書共收：《易》類 20 部、《尚書》類 10 部、《詩》類 10 部、《三禮》類 14 部、《春秋》類 15 部、《孝經》類 1 部、《五經總義》類 5 部、《四書》類 11 部，合計86 部、1436 卷；加上金吾輯補的《通志堂經解補闕》1 種 1 卷，總計 87 部、1437 卷。

《詒經堂續經解》雖然最終寫定了，但金吾此時已陷入困頓，他起初設想的「俟有餘力，將以次付之剞劂」的宏願，顯然不大可能實現了。

儘管如此，事情也還沒到絕望的地步。因為，金吾的好友孫原湘，曾撰寫一則《徵刻詒經堂續經解啟》，呼籲學林中人資助刊刻這套叢書。孫原湘的這則啟事，提綱挈領，言辭懇切，堪與清初紀映奎等為黃虞稷、周在浚撰寫的《徵刻唐宋秘本書啟》，後先媲美。但十分可惜的是，還未見有人響應，金吾與孫原湘便於道光九年（1829）去世了，這件事也就沒了下文。

金吾去世後，他的後人沒能守住此稿，不久便流歸於太倉人顧錫麒。顧氏得到此稿後，雖然有所增補，也想刊刻，但限於客觀條件，加上時局動盪，終有志未果，成為一件憾事。所以，葉德輝曾感歎說：「惜其《詒經堂經解》以卷帙太繁，久而散失，安得見其目錄，按目求之，以待好事者續成其志，則其功在六經，又不僅闡幽發潛，夜夢古衣冠人羅拜床下也已！」

我們不禁會問，《詒經堂續經解》的命運後來又如何了呢？在《郊居雜記》中，顧頡剛先生曾提及：「民國初，顧氏書在上海南市，賣與涵芬樓，《續經解》亦在焉。」顧先生所說顧錫麒後人將書賣給涵芬樓，而經手此事的，是張元濟先生。

據張先生在《涵芬樓燼餘書錄》中說，事情是這樣的：當年，張先生主持商務印書館編譯所的工作，曾昌言收書，並登報徵求。僑居上海的顧氏後人聞訊，積極響應，邀請張先生到其家觀書。到了之後，則見櫥架凌亂，布滿灰塵。但這些書可不一般，大都曾是黃丕烈、汪士鍾兩家的藏書。張先生挑了一些，並談好了價錢。這時，顧氏後人又說，他家還有幾百冊抄本，如果能再出一百塊銀元，就可以一起帶走。張先生慷慨地答應了。沒曾想，那幾百冊抄本竟然是張金吾的《詒經堂續經解》。不過，據張先生說，這是光緒季年的事。

張元濟先生意外獲得《詒經堂續經解》，自然是萬分高興，遂將之珍藏於

涵芬樓（編譯所圖書館；東方圖書館善本室）。然而，高興之餘，張先生也深為這套書略有殘缺而感到惋惜。於是，他花了幾年工夫，到處尋覓，終於抄補了18冊，但仍然有一些沒能找到。

《詁經堂續經解》歷經坎坷後，得以入藏涵芬樓，無疑是一個很好的歸宿。但天有不測風雲，1932年發生的一場突如其來的變故，則使《詁經堂續經解》慘遭不幸。就是在這場日軍慘無人道的轟炸和人為縱火中，《詁經堂續經解》化為灰燼，消失於天壤間。但萬幸的是，其中所收清人吳廷華撰的《三禮疑義》一書，因被北平圖書館借去抄錄，才得以幸運地留存下來。

《詁經堂續經解》都收了哪些書呢？張金吾本人在《言舊錄》中，僅列出部類和總卷數，但沒列細目。好在現代學者的著述中，有一些記述，為我們提供了寶貴的線索。首先值得表彰的，是與《詁經堂續經解》有著不解之緣的張元濟先生。

張先生為彰顯張金吾收輯之勤、顧錫麒護持之力，以及便於後人考索，曾在《涵芬樓燼餘書錄》「《三禮疑義》」條中，將《詁經堂續經解》所收之書，列了一份細目。這份目錄列書87部，雖然總數與張金吾所說相同，但有的類別數量略有出入，如《詩經》《春秋》兩類各多一部。另外，張先生還多列出3部書，合起來為90部。但張先生在介紹中又說：「金吾嘗輯《詁經堂續經解》，書凡九十一種。」不知是在目中少列了1種，還是統計時偶誤。

張元濟先生之外，羅振玉先生於1914年編的《續彙刻書目》中，也列了一份《詁經堂續經解》目錄，但總數為88部。據羅先生附記稱：「此書雖編定，未獲授梓。今原本藏上海商務印書館。」可見，羅振玉、張元濟兩先生所列目錄，為同一來源，但彼此亦略有出入。

此外，臺灣學者林慶彰先生在《張金吾編〈詁經堂續經解〉的內容及其學術價值》一文中（原載《應用語文學報》，2000年，後收入《清代經學研究論集》，2002年），也曾根據羅振玉《續彙刻書目》、楊守敬《叢書舉要》、周毓邠《彙刻書目二編》、楊家駱《叢書大辭典》的記載，整理了一份《詁經堂續經解》收書目錄，總計88種。這份目錄，與張、羅兩先生所列也有一定差異。

林先生在文中還指出：「上海圖書館編輯的《中國叢書綜錄》（上海：中華書局上海編譯所，一九五九年），並未著錄這部叢書。坊間出版，討論叢書的著作，如劉尚恒的《古籍叢書概說》（上海：上海古籍出版社，一九八九年十二月）和李春光的《古籍叢書述評》（瀋陽：遼瀋書社，一九九一年十月）等

書，也都未論及這部《詒經堂續經解》。」這一說法不準確。因為，雖然林先生提到的那幾種書未著錄，但張元濟先生在《涵芬樓燼餘書錄》中早有記載，另外，像李學勤、呂文郁先生主編的《四庫大辭典》（吉林大學出版社，1996年，計 86 種）等，也有介紹。

其實，還有一種極少被學界關注的文獻，更能反映《詒經堂續經解》的收書面貌。那就是我們一開始時提到的《詒經堂續經解目錄》。

這部目錄，為烏絲欄抄本，一函一冊。據左書耳所鎸「涵芬樓抄藏本」字樣，可知該書原為涵芬樓舊物。大概當年張元濟先生購得《詒經堂續經解》入藏涵芬樓後，有關人員據以抄寫編錄了這份目錄，以便於查閱和抄補。

由書中所鈐「長樂鄭振鐸西諦藏書」「長樂鄭氏藏書之印」可知，鄭振鐸先生曾收藏該書目。

鄭先生怎麼會收藏這部書呢？具體經過還不清楚，但根據鄭先生的履歷來看，他當年曾供職於商務印書館，並且親歷了「一‧二八」閘北之役，他又是位大藏書家，所以，這部書為其所得並珍藏，也就在情理之中了。

鄭振鐸先生不僅喜愛藏書，而且非常愛國。據鄭先生的公子爾康先生回憶，鄭先生生前常說一句話：「我的這些書將來都是國家的。」因此，當鄭先生於 1958 年率文化代表團赴阿聯、阿富汗，途徑楚瓦什蘇維埃自治共和國上空，因飛機失事遇難後，爾康先生和其母親，便依照鄭先生的那句話，將「全部藏書都捐獻給了國家，入藏他生前最關心的北京圖書館」。所以，《詒經堂續經解目錄》能夠幸運地流傳下來，鄭振鐸先生是作出了巨大貢獻的！

《詒經堂續經解目錄》總計列書 86 種，其中 5 部標明全缺。也就是說，張元濟先生當年收購到的《詒經堂續經解》，只有 81 種。而與其他幾種記載相較，這個目錄除了著錄了書名、卷數、作者及時代外，還列出了版本。

如果將以上幾種書目做一比較的話，可以看出：它們彼此間都有一定的出入，如所列書的數量不同、同一種書的名稱和作者存在差異、類別和書的順序有的不同、著錄項目有詳有略、文字也有所出入等等。相對來說，《詒經堂續經解目錄》雖然也有一定的訛誤，但著錄項目最為詳細，而且類別清楚，每一類皆另起一頁。由於《詒經堂續經解》已經被毀，所以，究竟張金吾當時收了哪些書、顧錫麒增補了多少、張元濟先生又抄補了哪些，恐怕很難弄清楚了。

黃廷鑒在所作哀悼張金吾的詩——《哭張月霄同學》中，曾感慨道：「君益富收藏，四庫羅卷軸。宋槧甲次丙，祕冊床連屋。精心纂輯勤，書成千古

足。忽忽又八年，盛衰如轉轂。縹緗十萬卷，捆載填巷曲。雲煙倏變幻，炎涼驟往復。君懷有定識，毫不介心欲。蕭然寂寞中，著述志彌篤。研經復紬史，心與古人續。」此亦可見張金吾之一瓣心香矣！

于敏中致陸錫熊五十六札

許雋超

清代是中國傳統文化的總結期。乾隆年間，《四庫》開館，碩彥雲集，樸學大盛。《四庫提要》，作為古代目錄提要之集大成者，成於總纂官紀昀、陸錫熊之手。王昶言陸錫熊「考字畫之偽者，卷帙之脫落者，篇第之倒置，與他本之互異，是否不謬於聖人。及晁公武、陳振孫諸人議論之不同，總撰人之生平，撮全書之大概，凡十年書成，論者謂君之功為最多。」（《誥授通奉大夫都察院左副都御史陸公墓誌銘》）陸錫熊後以校文溯閣《四庫全書》，乾隆五十七年病歿於盛京，惜乎未盡所學。

國家圖書館藏《于文襄手札》稿本，迺文華殿大學士于敏中致陸錫熊手札，共五十六通，皆言《四庫》纂修事。後收於《國家圖書館藏鈔稿本乾嘉名人別集叢刊》內，國家圖書館出版社二〇一〇年影印出版。關於《于文襄手札》之價值，陳垣先生云：「編纂《四庫全書》掌故，私家記載極稀。諸函備述當時辦理情形，多為官文書所不及，事關中秘，殊可寶貴。于敏中以大學士總裁其事，據尋常觀察，必以為徒擁虛名，機軸實出紀、陸二人之手。今觀諸札，所有體例之訂定，部居之分別，去取之標準，立言之法則，敏中均能發縱指示，密授機宜，不徒畫諾而已。」（《書于文襄論〈四庫全書〉手札後》）陸錫熊在《四庫》館，日常庶務，多得會試座師于敏中指授。

今以整理《陸錫熊集》之便，將《于文襄手札》五十六札，反覆辨識，以期無譌，供學界同道徵引。陳垣先生《書于文襄論〈四庫全書〉手札後》一文，亦附於後。

其一

上報接手書，匆匆未及作答。《永樂大典》五種，已經進呈，所辦下次繕

進之書，可稱富有，但不知報箱能攜帶如許否？細閱所開清單，如《竹品譜》之列於史部，《少儀外傳》之列於子部，皆未解其故，便希示及。

頃奉還書諭旨，並議定印記章程，已錄稿寄館。如此，自可保無遺失訛舛，但為提調諸公多添一忙耳。率布奉候，不一一。耳山年兄文幾。曉嵐先生均此致候。中頓首，五月十八日。同事諸公，並致相念，又行。御題《井田譜》有注，《經世圖譜》有序，因字多未全寫，將來謄冠卷首，似須備載。尊處如無準稿，可即寄信來，以便抄寄。

其二

昨於郵函得手書，悉種種。已寫之《永樂大典》，分數次進呈，甚是。但兵部多添一馬，恐非所宜。或約計一次應進書若干本，再分作幾回，照常隨報附寄。俟此次應進之書寄全，即匯齊呈覽。其奏摺，填寫最後一回月日，較為妥協，可告知中堂大人酌定。

《竹譜》改入子部農家，《少儀外傳》改入經部小學，似為相合。今細閱書單，內尚有數條，疑不能決，即於單內注明，希同曉嵐先生酌定示知。

御製《經世圖譜》《井田譜》《春秋辨疑》三篇，錄稿附寄，可照入。昨奉有「各家進到之書，擇數種錄單呈閱」之旨，已寄公信中，希與同事諸公趕辦為囑。館中日行事宜，並希常寄知一二，因邇日屢以《全書》事下問也，並令丹叔知之。率布覆候，不一。耳山年兄。曉嵐先生不另致候，諸同人均希道懷。中頓首，五月廿四日。

其三

頃接來教，《少儀外傳》做《韓詩外傳》之例，極為妥合。《書錄解題》或從《藝文志》，或從《經籍考》，希覆撿其書核定。《袁氏世範》從《經籍考》，似為得之。

前蒙詢及，館中現辦應刊應抄各種，係何人專辦？中因舉李閣學以對，昨榮召見，蒙問及，凡有應商之事，即可與之就近相商，或有必欲見示者，中亦無可辭耳。謄錄一項，現在毋庸再添，其詳已具王大宗伯啟中，想必致閱也。率布奉覆，並候邇禧，不一一。曉嵐先生、耳山年兄同覽。敏中頓首。

其四

前次取到《永樂大典》各本，曾據將著書人姓名及書中大旨，摘敘略節見示。此次送到各本，並未見有另單，諸覺茫然，嗣後務仍開寄為囑。

再，此次取到之書，昨已發下。《漢秘葬經》《吳中舊事》《全碧故事》三

種，並論：「皆非要書，毋庸刊刻。」則《吳中舊事》，亦可無須再行繕進，即在應抄之列，亦止須緩辦。再，撿閱此書，所載並非前賢嘉言懿行，不過詩話說部之類，似不應附於史部，應請再酌。報至，接手教，一切俱悉。《歷代建元考》前兩本，亦不可少者，一併存留錄副，統俟錄得寄還，煩為先致勵公為囑，率布奉覆，不一。中頓首，六月初三日。聞初一夜間雨甚大，較廿一之雨如何？

其五

接字，悉種種。《吳中舊事》改入子部小說家，極為妥合。武英殿東庫書，自須先辦，仆於馬書未到時，早已言之。可即回明王大人，即行酌辦，勿致諸公曠日再三。撫軍奏進之書，似已經起送，毋庸復俟諮取，可再查閱原摺，或可行文一促之。

《經解》內，有應刪減者，即與曉嵐學士相商酌定。但其書俱係經部，似不應分拆。且抄存書本，原兼應刊、應抄兩種，想《經解》內，除應刪數種外，無應止錄書名者，似應仍存《經解》總名。即《漢魏叢書》，目雖分列四庫，書仍匯裝，方不致於散漫無統也。林之奇《全解》，《永樂大典》既有完本，似應倣照《春秋繁露》之例，另為抄進，尊意以為何如？可與曉嵐先生相商，並告知各位中堂大人酌定。率布奉覆，不宣。曉嵐先生並此致意。中頓首，初九日。

其六

《歷代紀元》一書，考訂詳明，較王受銘所纂，更為賅備，擬暫留錄副寄還，希與自牧世兄言之。「鍾淵映」是名是字，何地人，或仕或隱，並希詢明寄知。

附去《王子安集》二本。余童時曾有手抄之本，後為梁瑤峰中丞借去遺失，因而傳抄者頗多，此又從他處託丹叔抄回者，集內有逸有增，訛字缺字，雖經校讎，未能盡得。近見江浙進到之書，有專集，有四傑集，希為撥冗詳校改正。或託人同校亦可。如有缺漏，並希補足，辦得仍祈即行寄還，專懇專懇。又行。

其七

昨送到馬裕家書十種，內《鶡冠子》已奉御題，先行寄回，即派纂修詳細校勘。其書計一百三十餘頁，約須校勘幾日，似宜酌定章程，將來雖諸書坌集，辦之自有條理。其期不可太緩，致有耽延；亦不可太速，而失之草率。

書內訛舛甚多，頃隨手繙閱，記有三四條。將來纂修校勘後，可將校出誤處，錄一草單寄來，不必楷書，以便印證愚見是否相合。校勘成，即一面繕寫紅格《全書》正本及《薈要》本，一面酌定刻樣。

查原書篇數流水，甚不畫一，卷上卷中，則並序同編，卷下則另編，無此體例。現辦寫刻篇數，自應各卷各編卷前，首冠御題。御製詩全注，再行錄寄，以便恭裁。次及原序，附以《提要》，此二頁不必編篇數流水，即刻本亦須寫此兩頁作標。其餘止須卷上寫刻本樣數行。首行寫「鶡冠子卷上」，次行作「宋此字舊無，應增。陸佃解」，三行作「博選第一」，標題似止須低二格寫。四行王鈇云云，頂格寫。五行「王鈇法制也」云云。低一格寫。板心「鶡冠子卷上」，流水處簽明各卷各編。大略如此。回明中堂各位大人酌定，此寄。六月望日，中具。校勘發寫時，首頁御筆，似應拆下尊藏，俟辦畢再行訂入。再，凡奉御題之書，應刊者即在京城辦理，不必發往各省刻板。

其八

接來札，悉種種。寄到抄本兩部，已匯商。日前所寄，照單分列四庫，隨摺進呈。惟《中興小歷》一種，原單注擬刊刻，愚見以建炎南渡，乃偏安而非中興，屢經御製詩駁正。且閱《提要》所開，是偏頗有未純之處，似止宜抄而不宜刻，已於單內改補奏進。

至《漢魏叢書》《津逮秘書》所收各部，尊意欲分錄四庫，而不必歸總，所見亦是。但須於各部散見處提要內，敘及《叢書》《秘書》一語。而於輯《總目》時，集部內存兩書總名，而注其分系之故，似為兩得，仍惟酌之。

各省書單，大約陸續到齊，似即須行文諮取，毋庸再奏。並須除去重複外，令其概以全書送館，不宜專取略節也。又，分別應刊、應抄兩項，吾固早計及諸公嗜好不同，難於畫一。就二者相較，應抄者尚不妨稍寬其途，而應刊者必當嚴為去取。即不能果有益於世道人心，亦必其書實為世所罕見，及板久無存者，方可付梓流傳，方於藝林有益。非特辭章之類，未便廣收；即道學書，亦當精益求精，不宜泛濫。並當以理折衷，自無或遺或濫之病。《經解》亦然。與其多刻無要篇策，徒災棗梨，不如留其有餘，使有用之書，廣傳不缺，更足副聖主闡揚經籍之盛意。是否，可與曉嵐先生商之，並告同事諸公妥酌，並於便中回明中堂大人核奪。

《熱河志》屢奉詢催，萬難再緩，可切致習庵。其互相查證及繕齊匯交云云，乃歷來推託耽延之故調，幸勿以此相誑也。率覆，不備。中頓首，六

月望日。

　　翻閱進呈本，內竟有黃斑污跡，此後宜留心。今日抄本內，《易象意言》習云云，尊札言是勵世兄所校，已為挖改，凡類此者，切不可絲毫遷就。又如字體中，「恭」誤作「𦱤」之類，乃不可不講究者，可與各謄錄言之。又，昨見《鶡冠子》內夾簽，「宏治」二字，此曾奉有諭旨，止須缺筆，而不必改避，並及之。又，另札並御製詩，連注稿，同《鶡冠子》另寄。

　　其九

　　昨奉辦《日下舊聞考》命，僕總其成。此時所最難者，辦書之人。翰林中，非各館專課，不能分身，即在《四庫》書局，以此甚難其選。此外，若甲乙兩榜及諸生內，如有好手，自為最妙。但欲得學問淹博，兼通時務，並略悉京師風土者為佳。且欲其文筆可觀，辭能達意者，凡有考訂，庶不致過於推敲費力。足下夾袋中，必有所儲，或能覓得三四人，則此書即可速就。

　　若翰林或現任小京官，即須奏派；若未仕之人，即當延請。其局擬設於蔣大人宅，修脯等項，愚當幫辦，祈即商定寄知，或即與蔣少司農面商亦可。又，此書凡例，茫無頭緒。除星野、沿革，足下可為我酌定款式一兩樣，略具大概寄示。瑣事相瀆，幸勿辭勞。又行。此事私辦更勝於官辦，並與蔣大人商之。

　　其十

　　報到，接手書，悉種種。《書錄解題》，從《經義考》亦可。但不知目錄類，向歸入習見之書係何種，便希示知。《經解》即有刪汰之書，必須加一總說，方為明白。又，《大典》內錄出正本，俟下屆送齊時，即當轉進。

　　今日召見時，詢及歷代訪求遺書之事，何代最多，最為有益？可即詳悉查明，於十七日隨報發來。又蒙問修《永樂大典》事，《明史》曾載否，一併查明覆奏。又，前日詢催《熱河志》，可即促來寅儧辦，仍將現辦情形若何，先行寄知。率覆，不一。曉嵐先生均此致意。中頓首。

　　其十一

　　聞邵會元已到，其人博洽，於書局自大有益。前歲聖母萬壽詩冊內，有「玉□□寅」語，上詢問見於何書，遍檢無可覆奏。彼時敬堂先生云，此稿出邵會元之手，便中希問之，將「玉□」二字出處寄示為囑。又行。

　　其十二

　　來札具悉種種，歷代求書本末，遲日另錄清單進呈。「玉□」既無別據，則舊疑已釋矣。前奉託校《子安集》，略有頭緒否？《熱河志》總以速催來寅

為妙，愈速則愈佳耳。「贍思」作「沙克什」，即可照用，但似須注：「舊作『贍思』，今從《元國語解》改正」。似為更妥，酌之。聞諸事不應手，此何故耶？便希示其大概，以便商辦。專此。中頓首。

其十三

書來，悉種種。「沙克什」既於《提要》內聲明，自毋庸另注。《日下舊聞考》款式極難，愚意欲盡存其舊，而附考於後，其式當如何？可酌擬一二樣，便當商擇妥當，以便發凡起例耳。

熱河等處書單二件，係奉旨交我。將書名與《四庫全書》校勘，似無甚不經見之本，且與內廷書多重複，而書名更多訛謬，希即校明寄來，恐尚需覆奏也。書名訛者，改不改俱可。編纂之人，最為緊要，非實在好手，不能得益，務即留心酌定見寄為感。覆候近禧，不一一。中頓首，六月廿一日。丹叔、念孫，此次均不另覆，因無暇也。

其十四

來書具悉。所定凡例，大致極佳，感佩之至！俟細閱，下報再覆。惟纂書甚難其人，所選三人，恐尚不敷，且其中或尚有不能盡如所願之處。至本地必得一人博洽者，為之指示，方能周妥，希與曉嵐先生商之，遲日當專札奉懇也。

刻書列銜之說，宗伯所議未當。此時所刻，並不標《四庫全書》之名，且板片大小不一，豈可列銜耶？稍遲當致札宗伯也。匆匆不暇細及，余再悉。中頓首。頃有人云，謄錄中有未補而寫書者，有已補而不寫者，其說確否？未補而先寫，尤所未喻，希查明密示。

其十五

前兩次信至，匆冗未得即覆。璞函從軍死事，亦當垂名不朽，惟其嫠妻孤子，留滯京城，實堪憐憫，當為彼籌之，僕亦願助微力也。《日下舊聞》，原擬三人，今又缺其一，奈何！幸更留意。

浙省書籍，竟未起解，前詢郝臬臺始知之，宜即行文催取為要。熱河書單已收到，來集之爵里片，遲日當另謄恭進，乃浙省之誤耳。蓀塘所校《鶡冠子》，可為盡心。其各條內，有應斟酌者，俱已簽出，足下同為酌定之。「嚖其里」一條竟駁去，未知當否，並酌。愚所閱四條，止一條相合，今復撿寄蓀塘，囑其更加詳勘。落葉之喻，自昔有之，故亦不必以此多意也。刻書列銜之說，斷乎不可，已切致大宗伯矣。外附勵世兄一札，祈轉致之，余再悉。中頓首，七月朔日。

其十六

札來，悉一切。抄本書三種已收到，俟寄全恭進。《永樂大典》內，散片可輯者，自當即為裒錄。若多至三四百條，較之舊有完善本，僅止數篇者已勝。即偶有缺佚，於提綱內聲明，亦無礙耳。考輯《日下舊聞》一事，此時難於即辦，只可先行查明，俟回鑾後，再酌商妥辦也。率覆，不一。中頓首，七月七日。

其十七

書來，具悉種種。書三部亦收到，今又奉更取六部，可即查寄。《大典》內集湊之書，原不能指定何類，即集部較多，亦無妨耳。至各省送到遺書，必須各門俱備數種，方成大觀。惟多者限數之說，似尚未妥。經部本多於他種，如果義有可取，注解十得三四，即不可棄，雖稍濫亦無礙。若膚淺平庸，及數見不鮮者，則在所屏耳。仍酌之。並不妨與曉嵐先生相商也。率覆，不一。中頓首，七月十日。

其十八

《永樂大典》內湊集散片，原如雞肋，但既辦輯多時，似難半途而廢。諸城似有不樂於裒輯之意，然未明言也。秘之。此時各纂修自俱採完，何人所採最多？或竟有全無所得者，便中約敘草單並各銜名寄閱。密行。至於大部之書，攢湊非易，不可不專歸一人，以總其成。若纂修內，有能獨當一面者固佳，否則諸徵君中淵才既多，且新奉恩旨，尤當及此稍建勞績。或回明各總裁，令其分佔一部，何如？若各纂修於此不甚樂從，則又不必以小節拂眾人之意。即於纂修內，請總裁派一精細耐勞之人，專心合湊，亦無不可。

至《大典》內集部，概行不辦，此與原奉論旨不符。愚見以為，既辦《四庫全書》，似屬多多益善，斷無因多而棄斥弗顧之理。為此言者，蓋未通盤籌劃耳。前此奉旨查歷代所購遺書，何代最多？已搜錄寄，尚未覆奏。愚意以歷朝之書，多以卷計；此次書局所開，及外省所送，各以部計。若就其卷帙，折衷定數，不知當得幾十萬卷，希足下約核一大概寄知，以便奏覆也。匆匆寄此，不一一。中頓首，七月十三日。

其十九

《永樂大典》十種，寫本四種，已收到。略節亦得，其繕出正本，似止須七月底恭進一次，八月即可暫停，俟回鑾再行匯進，已札商王大宗伯矣。《鶡冠子》，篠塘添出之處甚多，此番可謂盡心。但止寄簽出之條，無書可對，難

於懸定。因將來單寄回，足下可並前日之單，同原書校勘，酌其去留，無庸再寄此間也。校書如掃落葉，出自何書，便中希查示。校對遺書，夾籤送總裁閱定，即於書內改正，此法甚好。可即回明各位總裁，酌定而行，即或將塗乙之本進呈，亦屬無礙。惟改寫略工，以備呈覽。

至紅筆究不宜用，或以紫色，何如？卷後纂修之名，似可不添，因其書似仍鬚髮還本家，毋庸多此一辦。且官書須署臣某，而給還各家，又不宜用臣字，莫若不列名為妥。散篇不可不辦，其大略已與大宗伯言之，此時且不必瑣談，俟辦有眉目，總錄清單告之，諸城中堂當無異議耳。余並悉大宗伯札中。附候，不一一。中頓首，七月既望。

其二十

遺書毋庸錄副，與愚前奏相合。至應抄之書，即交四百謄錄繕寫，毋庸另添謄錄，前已面奏允准，隨即寄信通知館中，眾所共聞者。今日，王大人忽又有因遺書添傳謄錄，與原奏不符，斷不可行也。公札已另覆。《四庫》各書，總數已至八千，原不為少。但見所開之單，止論部數，似尚滙總而計。如《漢魏叢書》《津逮秘書》之類，若分列書名，不下百餘，而總計只兩種耳。舊書去取，寬於元以前，嚴於明以後，深得肯綮。朝鮮《孟子考異》，入於應抄之列，亦見同文之盛，但不必刻也。

京城內交出之書，與外省重複者，自不妨盡現本校辦。但外省交到者，俱有全單總數，且係奉旨仍行給還者，似不便扣除。並有同係一書而兩本互異，又當擇其善者，止須於原單內注明重複，並於書局檔冊注明。若外省已經交到，而京城復又送館，其書不過相彷彿，即可毋庸列入借單。頃接錢塘宮傅字，云添傳謄錄四十人，而札中又云六十，何耶？《王子安集》，承費心，謝謝！余再悉。中頓首。蒔塘不另覆。

其二十一

十八之報，為雨水阻滯八時，直至今早始到。兩淮書，昨已奏到書單，似其中尚有可觀者，但覺重複耳。御名字樣，奉旨止令缺筆，人名、地名大略相同。惟隨常行文，或作「宏」字亦可，但已寫宀頭，另是一字，不宜復缺筆矣。率此致覆，不一一。中頓首，七月二十日。

其二十二

閱酌定散篇條例，妥協周詳，欽佩之至！惟末條云，纂定之時，另錄副本，方無舛漏，似應略有分別。蓋所集四百餘種，未必盡能湊合成書，亦未

必盡皆有用，誠如前札所云，不過得半之局。俟草本黏繳成帙，即可辨其適用與否，以定去留。如應刊應抄者，自須先謄副本，俾有成式可循。若止須存名之書，即可無庸再行錄副，約計可省一半工夫，自必須如此籌辦，方不繁冗，希以此意先與錢塘宮傅商之。連日鮮暇，作書不能詳及，余再悉。中頓首，七月廿三日。曉嵐先生希為致候，邵、周兩君，並希稱賀。《王子安集》，約計何時可得，便希示及。抄本五種已收到，應刊應抄，須詳定為囑。

其二十三

接來札，所定抄寫散片單本之法，極為妥洽。李燾《長編》，宋英宗以前既有舊本，似單本止須抄神、哲兩宗，較為省便。但不知英宗以前舊本，較之《永樂大典》，詳略多寡若何？如並無分別，則大為省力耳。寄到繕出各種書，昨已進呈。其八月以後，不復再進，總俟回鑾再行進呈之說，亦於日前奏及矣。余再悉。中頓首，八月初二日。

其二十四

叨荷渥恩，實慚非據，獎蹴過甚，增我汗顏。有當規勸以不逮者，方見通門關切之意耳。《長編》既已抄得，自為省便。《繫年要錄》既經校畢，亦即可發謄，則回鑾恭進之書，更可觀矣。候補謄錄，即傳令抄書，未補之前，所寫之書如何核計，似當定以章程，方為周妥，昨已有札致王大農矣。

《禹貢指南》，因有御題詩句，尚存直次，俟辦成再寄。率布覆謝，並候近禧。同事沈、施、龔、汪、王五君子，俱為道謝。不一。中頓首，八月初五日。《王子安集》所辦如何？或新到之集，有前序後跋，並希錄入。

其二十五

接來札，悉種種。謄錄之事，若再有更張，即易招物議，幸已安帖，然所辦究未老到，恐仍不免口舌耳。無故添人，實非好事，言之再三而不見聽，亦無可如何耳。此次進呈各書，一日之間，奉上指出兩錯，書簽之錯，尤其顯而易見，此後務須留心。至《折獄龜鑑》內錯處，當切告承辦《永樂大典》諸公，各宜加意，若再經指斥，即削色矣。至承辦《全書》及《薈要》分校諸公，當請其到署，以此切致之，各宜經意，毋留錯誤之跡，日後取咎。總祈慎之又慎為囑，並與丹叔言之。

《經解》提要，尚未及見，自必妥當也。頃承同事諸公致札，附有覆柬，希為遍致之。不一一。中頓首，八月初八日。金老五係七月何日事？本省曾題達否？渠無甚關係，老四則以早得信為佳耳。

其二十六

前接兩札，俱未及覆。《王子安集》承費清心，謝謝！既已增訂，必須另抄，其缺者亦當補入，只可俟回家再辦耳。《南宋兩朝綱目》已奉御題，其前後倒置，目內尚覺無妨，綱內則斷乎不可，已與大農面言，今將全書寄回，即可查酌加按。恐別本亦有類此者，似須一併查酌，或係抄輯時舛錯，亦未可知也。

在京進繳各書，蒙諭，有在一百種以上者，即照馬裕家例，揀擇數種進呈題詩，以示榮寵，祈即為速辦。又蒙詢及，各種遺書，分別應刊應抄應存，總敘提要，約計何時可完？愚覆奏以約計後年，當有眉目。此即兩公承恩之由，祈即與紀大人相商酌辦，但不知果能如愚所言否？冗中寄此，不及詳敘，余再悉。耳山侍讀。中頓首，八月廿一日。

其二十七

前聞尊體違和，甚為懸念，今接手書稍慰。《東山金石錄》，乃是富制臺在東省時，恭輯御製詩章，聯篇裝冊進呈。其所開《御製金石錄》，亦即此種，皆毋庸查辦也。《坡門酬唱》及《詩宿》二部，自當取閱再定。《熱河(志)》應查各種，已託明道查辦，再覆。

頃晤諸城，談及翰林從無兼軍機者，不可忽而破例。諸城云足下意尚戀戀於此，則非僕所能料。清華妙選與含香載筆，判然兩途，足下似不應見及於此。或旁人欲藉此攀留架言，出自心願，前聞有同人公信，已料及一二，書來，務詳覆為囑。便候，不一。中頓首，九月八日。

其二十八

接閱來札，悉種種。外省進到奉有御題之書，所酌甚妥。既云不過月餘可畢，尤與諭旨相合也。今日，黃副憲有謝賞《佩文韻府》之摺，館中紀侍讀、勵編修、汪學正三君，似亦當呈謝，未識曾辦及否？

再，前曾面商，外間通行之書，不在遺書以內者，亦當查明，分別抄存，業承允諾，未識連日所查如何？因憶及制義一項，自前明至今，以此取士，流傳者不下千百家，即不必抄錄，其名目不可不存。惟《欽定四書文》，抄之以備一體，亦集中所當及也，統希留意。率候，不一。曉嵐先生均此致候。中頓首，五月廿三日。

其二十九

連接兩函，俱未及裁覆，今日又得手書，具悉種種。外間通行之書，止

開出一百餘種，似尚不止於此，近日不知曾續有所得否？制義存目，亦當覈實，分別其源流正變，則於節略內敘明可耳。五徵君所分五種書甚好，將來進呈時，或有續蒙評賞，亦未可知也。余歸各纂修閱分亦妥。遺書目錄，六月底又可得千種，甚好。若辦得，即可寄來呈覽，但須詳對錯字，勿似上次之復經指謫也。至每進目錄一次，即將交到遺書，點撿清釐一次，此法極妥，不知前次所辦之書，曾歸妥否？應刊各種，自應交武英殿錄副；其應抄各種，亦應隨時辦理也。

《弇州四部稿》，書非不佳，但卷帙太繁，且究係專稿，抄錄太覺費事，存目亦不為過，但題辭內不必過貶之也。薛《史》自應刊刻流傳，但欲頒之學官，須與廿三史板片一例，未免費力，或可止刊行而不列於正史否？並酌之。燈聯曾否辦得？《熱河志》應查各條，務向習庵促之，恐其一經得差，即無心及此也。率布奉覆，不一一。曉嵐先生及五徵君均此。中頓首，初五日。

其三十

來函已悉。應抄各書，業經查清另存，甚好。並知現催各纂修上緊校勘，自可不致遲誤。二氏書，如《法苑珠林》之類，在所必存。即《四十二章經》，其成最高，文法與他經不同。且如《黃庭內外景》，未嘗非道家之經，勢必不能刪削，何寬於羽士，而刻於緇流乎！

至僧徒詩文，其佳者原可錄於集部，若語錄中附見者，即當從刪。其雖名「語錄」，實係詩文，所言亦不專涉禪理者，又不妨改正其名而存之。燈聯為日已不少，何甫脫稿耶？其《熱河志》應查各件，速促習庵開單早寄，余再悉。耳山侍讀文幾。中頓首，六月十一日。

其三十一

燈聯已收到，甚費兩公之心。因前奏此事時，上云其聯語頗好，甚愛之，自不便多易，來稿更改處太多，恐不相合。因另酌一稿，仍將原句錄為一摺，將擬改處黏簽呈覽。

至《熱河志》內表及凡例，非目下所急，暫存此，俟得暇閱定寄回。其千佛閣碑文，及河屯協菪官月日，俟查明再寄。惟所查各處行宮間架方向，新舊俱有，愚意竊謂可以不必。此時若欲細查間架方向，非親履其地，不能真灼。熱河一處，已難一一身經目觀，他處更勢有不能。況舊纂之書，並未繁瑣及此，何必為此費力不討好之事！若如來單所云，細加查核，則此志不

但今年不完，即明年亦未能竟其役，且恐告成之日，遙遙莫必，無此辦書法也。

況原奉諭旨，改正原稿，本因古今疆域不合，及對音字面不准，此時惟當注力於此，庶可早完。若欲節外生枝，徒自苦而無益，切勿誤辦也。至各廟扁、對，及各行宮扁、對，原稿如已載，則仍之，否則難以遍及。若果必需，則尚較間架方向易辦，速寄信來。前所須查者，係白玉觀音像，而此次未錄，何耶？類此者，即速查寄為要。率布覆候，余再悉。習庵、耳山兩年兄同照。中頓首，六月十七日。十七日接耳山年兄信，雲外省各書，已有十種可交。顧上余之報，兩三日可以全竣，不致逾期，甚好。至各書應載著書人姓氏，若係國朝人，即書某官某。其諸生布衣，亦從實標題，是亦畫一之一法。《通鑑長編》，應改遼人。及兩書部族名，即交辦國語，考之再辦。

聞謝承《後漢書》，江南近有刻本，確否？再，此外現有傳本否？今遺書有此種否？希查示。又，聞義門先生所批《文選》，近有刻者，或云是秦正□所為，確否？又云義門先生手批，俱已有刻本，其說更不知確否？

其三十二

上報接手書，未即致覆，今日復搜翰札，具悉種種。《熱河志》所論極是，即照此速辦，能早進呈更佳。《文選》照汲古閣本抄錄最妥，以上所常閱及，前此命翰林所寫縮本，即係汲古閣刻。若專錄李注，不及五臣，而別用明人六臣注本，刪去李注，是並寫既多費工夫，又與御覽之本不能相合，似未悉協，希再酌之。

《癸籤》既係詩話及論詩語，自應摘抄。若刊本無多，並不妨另刻。《統籤》則可不復也。今日召見時，又問及各省進到遺書，曾經御題者，已發還未？我覆奏現在趕辦，大約出月可畢，即當發往。上以此等書冊無多，宜早發還，使人倍知鼓舞。專此寄聞，即以此遍致諸公速辦為要。

又，前日發出《佩文韻府》一本，內引「回雁高飛太液池」，作王涯詩。而《全唐詩》刊作張仲素，《全唐詩錄》又作王涯。上以此詩究係何人所作，查《永樂大典》所載如何，《韻府》即照改。專此寄知，並即查示為囑，余再悉。中頓首，六月廿三日。《遵生八箋》，日前覓到一部，板缺誤不堪，未知外間有初印本否？

其三十三

前報接信，匆匆未及具覆。《意林》內訛舛之處，當如何改正，方不費事，可詳細寫一說帖，再下報寄來，以便遇便具奏。寫本原書內，闕佚處添注格式，

所定章程極妥，即於原字內批〇寄回，希酌定。「回雁」句既已查明，甚好，當覓便奏之。

頃有兩詩須查者。其名為「祐」，有原傅圖書，不知何姓，在《書畫譜》查之不得。特奏明寄歸，於元明人之名「祐」者詩集內查寄為感。匆匆寄此，余再悉。曉嵐學士不另啟，希道候。中頓首，六月廿九日。《說文篆韻譜》，專係擬抄否？若刻，則非活字所能也。

其三十四

接讀手教，得悉種種。《意林》一事，容俟從容再覆。頃接李少司空札，以《水經注》尚有可商，不可不酌求其是。愚學殖淺薄，不敢輕議，且相隔甚遠，尤難彼此折衷。此事知東園深費苦心，且向曾探討及此，自當有所依據。其中或尚有應行酌定者，不妨再為覆核。大農處亦有札致及。李公原書，並希於便中送閱。

聖主稽古右文，凡事集思廣益。今訪求遺書，嘉惠後學，往往一字一義，詢及芻蕘。我輩欽承恩命，豈可不仰體聖衷，虛公斟酌，以期無負委任，尚敢稍存成見乎！此意並希與東園言之。李大人原書奉寄，事後仍希寄還。不一。曉嵐先生、耳山年兄八座。中頓首，七月初一日。耳山年兄，上報曾有字否？記匆冗時一閱，欲留俟下報再覆。今日遍撿不得，不知所言云何。下報寄知並覆。

其三十五

前兩次接書，俱未及覆。《太平寰宇記》與《元和郡縣志》，皆係必應刊行之書，或俟兩書同奏，此時且無庸更改，總俟愚回京再定可耳。前以撿查有無干礙之書，專仗足下及曉嵐先生，曾囑大農轉致，並札致舒中堂知，以上諭稿交閱，恭繹聖訓，便可得辦理之道也。

即如《容臺集》，僕已奏明，尤不可不先辦者。此書尚恐有版流傳，並須畫一查燬，不知何處繳到此本，可查明辦之。其書有礙者，尚係述而不作，刪去此數卷，似止二卷。其餘似尚可存。然足下尚須詳細閱定，愚只能約略言之。其餘類此者，並須細心撿辦，不可稍誤，甚有關係也。

進呈《書目提要》，此時自以敘時代為正，且俟辦《總目》時，再分細類，批閱似較順眼。其各書注藏書之家，莫若即分注首行大字下，更覺眉目一清，且省《提要》內附書之繁。惟各家俱進之書，若盡最初者，似未平允；若俱載，又覺太多。似須酌一妥式進呈，方可遵辦耳。至《簡明目錄》，此時且可不辦。或再蒙詢及，酌辦一樣進呈，亦無不可。

《水經注》既已另辦，須善為調停，使彼此無嫌無疑，方為萬妥。習庵所辦《熱河・建置》，近日所增，與前辦大異，殊不可解。現已有札致彼，足下或便一商之。即索愚原札一閱亦可。《日下舊聞》，戈、許兩君分校，恐成書更遲，不知曾略有端倪，足下得見之否？率此附覆，余再寄。曉嵐先生均此致意。中頓首，初九日。

其三十六

上報郵章，為河漲所阻，到遲一日兩時，匆匆未及具覆。遺書總目，續撰可得千種，甚好。但必須實係各纂修閱訖，一經呈覽，即可付刊、付繕方好，勿又似從前之沈擱也。《開元占》既見於歷代史志，《靈臺秘苑》見於《文獻通考》，皆不便刪去，似應鈔而不梓，於《提要》內詳晰聲明，似屬無礙。

昨得貴房師竹君先生札，火氣太盛，辦書要領並不在此，具札覆之。至其誤認東皋亦係纂修，並未悉原奉諭旨，令愚總其成之故。抄錄節次諭旨寄回，但愚不便言及，祈足下轉送一閱，其原札並寄閱。所寄貴房師一札，希於閱後致之，並希勸貴房師，辦公勿過生意見，庶不失和衷共濟之意。此事專仗足下調停，勿使穆堂獨為難人為幸。率布具覆，並候，不一。中頓首，七月十三日。

其三十七

前接手函，匆匆未及作答。散篇書存留數日，隨意翻閱，見有訛字，其應改者即為改補，可疑者存記，另單附寄。愚不過偶而抽看，即有錯字如許，恐舛誤尚未能免。應切致原纂及校對諸公，嗣後務須加意，或告總裁各大人知之。

又閱《提要》內《寶真齋法書贊》，有「朱子儲議一帖」云云數句，與此書無大關係，而儲議事尤不必舉以為言。因節去另寫，將原篇寄還，嗣後遇此等處，宜留意斟酌。

又見所敍《金氏文集》《北湖集》兩種，譽之過甚。果如所云，即應刊刻，不止抄錄而已，及讀其詩文，不能悉副所言。且《金氏集・忠義堂記》列入揚雄，其是非尤未能得當。愚見以為，《提要》宜加覈實。其擬刊者則有褒無貶，擬抄者則褒貶互見，存目者有貶無褒，方足以彰直筆而示傳信，並希留神。率布奉候，不一一。曉嵐先生不另啟，乞為致意。中頓首，五月廿九日。

其三十八

屢接手書，匆冗未即裁答。昨江西續進採辦遺書，現在交館。其書單內重複

者甚多。查有《太平寰宇記》一部，不知較館中所有，卷數能略多否？又有《天下金石志》一種，不知編輯何如。若果可觀，與《續通志·金石略》甚有裨益，祈即撿查分晰寄覆。

又，單內有《玉海》一部，不知何時印板，有無訛舛，亦希留心一查。愚欲將《玉海》校正，另為刊版，以公同好，並擬不由官辦更妥。曾覓稍舊版一部，付丹叔處，校已年餘，毫無朕兆。彼處止有一人校勘，斷難即完。恐日久終歸無益，意欲將此書煩五徵君共校，想俱樂從。希將此札致丹叔取回，並致五徵君，如有不暇兼顧者，亦不敢強也，仍希即付回示。

再，散片中宋人各集內，如有青詞致語，抄存則可不刪，刊刻即應刪。《胡文恭集》已奉有御題指示，自不便兩歧耳。《胡集》刪去「應刊」，亦有旨矣。《開國方略》，需用明末之書，本自無多，而館中開付太詳。既列目與之，即當速撿，全行付去，勿為所藉口也。

至各省送到違礙各書，前曾奏明，陸續寄至行在呈覽。《黃忠端集》內，所夾熊經略片一件，希即撿寄。昨江西奏到應燬書籍，已送熱河，奉旨交愚處寄京，俟回鑾呈覽，則家中所有之書，自不便轉送此間。統撿明，開單存館，俟回鑾再辦此事。並蒙之舒中堂大人及王大人，近見有稱新、舊《五代史》者，未知何據。昔人曾有此稱否？或以薛《史》為舊，歐《史》為新乎？並希詳示。或先將《五代史》寄呈，其餘各種，以次繕裝呈進，亦足供長夏幾余披覽也。率布，覆候邇禧，余再悉。曉嵐先生不另啟。中頓首，六月十一日。寄到應銷書三種，暫存交拂珊副憲。另，看此各種，俱應存館中，俟回鑾再進可耳。又行。十二日附此。

其三十九

接來信，悉種種。存抄一事，視其人為去取，極好！至刊刻一項，明人集雖少無妨。此時所重，在抄本足充《四庫》，及書名列目足滿萬種方妥也。遺書事，另囑星實寄信，諸公妥議。生恐其中有稍存意見者，恐於公事貽誤，故著急耳。匆匆寄候，余再悉。曉嵐先生不另札。中頓首，六月望日。

其四十

《舊五代史》進呈後，昨已蒙題詩，札子亦俱發下，暇時尚欲請述旨意，以便刻入卷前也。今日召見，極獎辦書人認真，並詢係何人所辦。因奏二雲採輯之功，並詢及邵君原委，亦將其受恩之故奏及矣。其標題「梁書」「唐書」等「書」字，愚今早亦順便奏請應改「某史」，亦蒙俞允矣。

前此託丹叔，轉向足下查「李鎮東」係何人，未見示覆，豈丹叔忘耶？又

「卻掃」二字，大率本之《南》《北史》及《文選》，俱作謝客解。今早，上語及，云或當從《漢書》「太公擁彗卻行」意為權輿，不知有作此解者否？希查示。又，柳柳州《乞巧文》，是其何時所作？如有可考，亦希寄示。率布，致候。不一一。中頓首，七夕雨窗。《耕織圖》《棉花圖》，自應載入，《禮道圖》曾載否？其圖或就原板刷印，似稍省力耳。《授時通考》，其圖與《耕織圖》相倣，曾辦及否？七夕洗車雨，有云六日及八日者，以何為正？《歲時記》外，另有記載否？並希查示。又行。

其四十一

昨閱程功冊，散篇一項，除山東周編修外，認真者極少，然每日五頁，尚有一定之程。惟遺書卷帙甚多，每纂修所分，俱有一千三百餘本。今此內，有每月閱至一百六七十本者，告竣尚易；其一百本以外，亦可以歲月相期。乃有不及百本，甚至有不及五十本者，如此辦法，告成無期，與足下及曉嵐先生原定之期，太覺懸遠。原定上年可完，今已逾期矣，尚憶此言否？倘蒙詢及，將何以對！愚實惶悚之至。足下當與看遺書諸公細商，自定限期，總錄單寄示，庶得按冊而稽，亦可稍救前言之妄，幸勿以泛語置之。

昨翁學士寄到「八庚韻」，「賡」下注云：「按《說文》，『賡』本古文『續』字，徐鉉等曰：『今俗作古行切。』」此雖採自《說文》，但與「賡」入「庚」韻之意相反。愚意謂，當查陸德明《經典釋文》作何讀，采而用之，則在徐注之前，自為可據。如《釋文》無此字音，則於他書查一「賡」字與「庚」同音者寄來為囑。今日報到已申正，不及細覆，余再悉。中頓首，七月十一日。頃接大農札，知有重出一事，尤為未妥，此後務設法杜之。牛堵幾，有作「牛堵圻」者，記曾於《一統志》見過，亦希查錄寄示。

其四十二

昨面奉發下《五代史・華溫琪傳》，論云：「華溫琪侍莊宗、明宗，於清泰間乞歸，始終係唐臣，並未仕晉，何以列於《唐史》！」承旨既退，反覆搜尋，不得其解。華（溫）琪雖卒於晉天福初，但未曾食祿石晉，不應從貶。豈以其太子太保為晉時所贈，遂屬之晉乎？

復撿閱凡例，並未將此等分代原委敘明。及考歐《史》，溫琪列為雜傳，不屬何朝，似較妥協。希即詢之二雲太史，將因何列為唐臣之故，詳晰寄知，以便覆奏。又奉詢，金章宗專用歐《史》，係何意？或因薛《史》措辭，有礙大金否？並查明覆奏。此字接到後，希告之王大人、嵇大人，查覆語並祈公商，妥協寄來。

其四十三

接信已悉。《提要》稿，吾固知其難，非經足下及曉嵐學士之手，不得為定稿，諸公即有高自位置者，愚亦未敢深信也。《五代史‧傳》既悉愚意，自不致相左，且俟寄到再商。二雲復感甚，念念，囑其加意調攝。不但不宜早出，並當囑其慎起居飲食，俟元氣全復，方可無虞，此時並不必急於看書。即《舊五代史》，雖有奉旨指詢之處，以與彼無涉，不必慮也。率覆，不一一。中頓首，廿八日。

其四十四

頃御製有《讀夷齊傳》文，用「采薇而食」，引《古史考》載野婦事，並諭查係何人之書。茲已查得，《古史考》係譙周所著，但從來未見過此書，並不知何處引此，有無此事。希即查覆，能隨報即覆尤妙。又行。

其四十五

兩接手書，匆冗未及具覆。查撿明末諸書，寧嚴勿寬，最得要領。如查有應燬之書，不可因其文筆稍好，略為姑容。如《容臺集》之述而不作，只須刪去有礙者數本，餘外仍存，然亦須奏聞辦理。此外或有與之相類者，即倣辦之。

至南宋、明初人著作，字面粗累者，止須為之隨手刪改，不在應燬之列，皆又不可不稍示區分。若無精義之書，亦不必列於抄、刊也。《元和郡縣志》既在應刊之列，《太平寰宇記》似當畫一辦理。此後諸有相類者，查撿宜清，勿致歧誤為要。率候，不一。曉嵐學士均此致候。中頓首，中秋日。

其四十六

郵來得書，悉種種。應燬三書，既經辦出，自以奏請銷燬為是，來稿已為酌易數字，寄大農與中堂大人商行。明人文集，若止係章奏干礙，字面詞意不涉狂悖者，則查其餘各種，實無貽害人心之語，即刪去字面有礙數篇，余尚可存目。若章疏妄肆猖吠，及逞弄筆墨，病囈狂噪者，必當急行燬禁，以遏邪言。無論是詩是文，務須全部焚斥，此必應詳細留神妥辦者。

至《香光集》，若覓得舊板酌辦更妥，已札商大農矣。南宋、明初之書，如字跡有礙，分別另辦足矣。率此致覆，不一。曉嵐先生不另字。中頓首，十九日木蘭第一程寄。

其四十七

阿圭圖哨門外，地名有所為「石片子」者，每年進圍時，於此放給馬匹。

其地國語稱「依爾格本哈達」，「依爾格本」謂詩，「哈達」峰也。詢之嚮導處，云其地有聖祖御製詩碑，現在令圍場總管查勘。若按國語譯漢，當為「詩片子」，蓋詩、石音轉之訛。不知《熱河志》載此地作何字，可向習庵詢明寄知，余再悉。中頓首，廿二日。

其四十八

書來，悉一切。「依爾格本哈達」，前詢嚮導處，言其地因有聖祖詩碑得名。及有旨問及圍場總管，則又云「詩峰」之名，因皇上御製詩碑得名。其實，「石片子」在哨外，詩碑在哨內，相隔四五里，似不應以此得名。且詩碑云係辛未年事，而「依爾格本」之名，記從前曾有之，似其說又未甚確。或有云因其山峰皺皴處，有似題詩摩崖，故得「詩峰」之名，然亦無可據。或於天章內，細查聖祖御製詩，有無提及「石片子」或「詩峰」之語，並今上御製詩，亦須撿明，即行寄覆。

至《永樂大典》內御題各書，如《井田譜》未經深斥，自應抄存。其餘如《重明節館伴錄》《都城紀勝錄》《中興聖政草》，亦在駁飭之列。其應否抄存，自應通行酌核，非匆猝所能遽定也。率此致覆，不一一。中頓首，廿八日。

其四十九

章程稿所議極妥，即可照辦。《宋史新編》體例既乖，即非史法，若刪去附傳，尚可成書，則抄存亦似無礙。第恐每篇敘事，或多駁而未純，改之不可勝改，又不如存目為妥。至《北盟會編》，歷來引用者極多，未便輕改。或將其偏駁處，於《提要》內聲明，仍行抄錄，似亦無妨。但此二書雖於遙定，或俟相晤時，取一二冊面為講定，何如？二雲曾全愈否？念甚。率布致覆，並候，不宣。中頓首，八月廿九日。

其五十

林和靖「疏影暗香」一聯，係襲人「柳影橫斜水清淺，桂香浮動月黃昏」之句，係何人詩句？何人書內曾論及之？

又，王摩詰「漠漠水田」一聯，止添「漠漠」「陰陰」四字，係何人詩？並即查明，務於下報寄來，因奉詢及，須覆奏也。不一一。中頓首，九月初二日。

其五十一

頃奉旨，交杜詩「漁人網集澄潭下」句，命於杜詩中，撿其言農事可與此

作對者數句，夾籤呈覽。今行篋所攜，止有《詩醇》，並無《少陵全集》，且恐杜詩言耕種者少，未必恰與此句相對。或於唐人詩內，撿工穩者數句呈覽，似亦無妨。耕農語，可對漁人。但此間無《全唐詩》，特懇代為撿查，若能於初十隨報寄來尤感。並候邇禧，不一一。曉嵐先生均此。中頓首。

其五十二

前報接寄覆查撿和靖詩句之信，因書尚未得，故未奏覆。但李嘉祐詩句云：「摩詰點化而成沫」，句義殊未安，或當就舊書駁之。至《永樂大典》辦已年餘，當有就緒。若初次所分，至今未能辦得，亦覺太遲，俱係何人所遲，光景若何？即查明開單寄知。

又，摘出書名，自應辦入《存目》內。但其中有卷帙尚存者，亦有止一兩條而具一書名者，辦《提要》時，自應略有分別為佳。再，行篋所攜書籍無多，偶欲查《明史紀事本末》，徐鴻儒及流賊二事，竟不可得，希即查出，於十二日隨報付來，囑囑，余再悉。中頓首，九月初十日。寫信後，得初九日字，並《居易錄》一條，只可暫存，或前人有論及者更好。漁洋所論，似亦未允也。

其五十三

曹老先生在此，言及纂辦黃籤一事，祇有錄出底檔，並無原書可查，難於核校，陸少詹所慮亦同。日前兩學士酌議章程，曾為籌及否？希即核定示知，以便催其趕辦，因已屢蒙詢及此事也。率布，不一一。紀、陸兩學士同覽。中頓首，五月廿二日。

其五十四

兩次寄到散篇一百十本，已隨報呈進。《提要》俱逐本撿閱，惟《景文集》略有可商，另單請酌。因尚非不可不改之病，仍照原本送上，俟寄回後酌定可耳。又，《子淵集》「迺賢」作「納新」，對音甚不妥，不知館上何人所定。南音「賢」「延」音近，或作「納延」尚相合。若作「新」，則與「賢」字母不同，斷難強就。祈即告之小岩、純齋，囑其即為另酌，並將何時改譯之處寄覆。其各卷內錯字，隨手披翻，實見其誤者，即為補改，凡六處，余俱記出，另單酌商。

又，《景文集》內，改正之字多係改筆，濃濁甚不適觀，今略指數處相商。其實各本皆然，宜切囑原纂諸公，各宜留心細撿，若經指問，難於登答也。他書亦有相類者，《景文集》則尤甚耳。又，紙有黃斑者亦應換，今《產育集》內，已錄入另單。前日因查隱公事，所寄《經解》一本，其黃斑更甚，可細撿之。至

簽內酌商二處，似不便直致總裁，又不可不以相聞，祈婉達之。外單附閱，余再悉。耳山學士。期中頓首，六月廿四日。曉嵐先生均此。

其五十五

前次呈進散篇，發下已過半。奉旨，令將不刊青詞之意，添入《提要》。並面詢《灌園集》內「主人第一河南守」意，令查明覆奏，已囑春臺詳致矣。《二宋集》，頃蒙御製合題一詩，諭於兩集前並書之，自當將此意併入《提要》。或將後一段意，改作兄弟齊名，其遺集同時並出，且均邀題賞，似更親切耳。

《薈要》處，經史子三種，俱已足數。惟集部所缺尚多，散片內辦出之集，以陸續付鈔為妙，庶可如期蕆工也。率候，不一一。曉嵐先生均此。期中頓首，六月廿七日。

其五十六

守陵宮人，《香山樂府》既有《園陵妾》之詠，可見唐時猶仍漢制。即《日知錄》所引少陵「宮女晚知曙」之句，亦可為證，但不必云《日知錄》耳。

至後周太祖既有「毋役守陵宮人」之語，見於《通考》，宋以後自仍其制，可見不自明始，《日知錄》之言，更不足據。希將自漢至周，節敘一稿寄來為感。宋以後，總括一二語亦可。又行。耳山學士。期中頓首。

何士祁跋

《于文襄手札》兩冊，扈從木蘭時，《四庫》局諸公商酌考訂，此耳山先生所留存者也。其兢業詳慎之意，溢於楮墨之間，當時侍從之臣，能盡其職，於此益見。而高廟稽古右文，於秋獮講武之餘，猶按日披覽，發凡示例，悉稟睿裁。用以人文化成，嘉惠來茲，誠前古所未有也。紫珊丈出以見示，捧讀一過，謹志數語於冊尾。時道光戊申正月廿八日，山陰何士祁書於上海署齋。

黃芳跋

此上海陸小耳所存于文襄寄其先人手札，道光戊申，歸於春暉堂徐氏。咸豐戊午，徐氏負官錢，以書畫抵還，余因得之。按，文襄撤賢良祠在乾隆五十二年，總裁《四庫全書》之罰也。先是搜訪遺書，開局辦理，為期二十餘年之久，寫書有六百餘人，而校勘之官，不在此數。諸君營求入局，靡俸怠事，及至臨時呈進，始為翻閱，以致繆誤不可收拾。而盛京閣貯之書，竟有裝潢無字者。因之命耳山先生特赴覆校，天氣驟寒，衣裘未至，凍死旅舍。此兩冊皆在局往來札商，和衷同濟，略無意見，藹然如晤，前人之虛懷不可

及如此。荷汀黃芳。戊申作甲辰。

黃芳再跋

按，文襄撤賢良祠乾隆五十三年，總裁《四庫全書》之罰也。先是，諸公營求入局，麋俸怠事，歷時二十餘年之久，寫書有六百餘人，及臨時進呈翻閱，多裝訂無字者。因之命耳山先生覆校，天氣驟寒，衣裘未至，凍死旅舍。此兩冊皆其往來札商，和衷同濟，略無意見，藹然如晤，前人之虛懷不可及如此。且比比與《全書》有關考證者，閱者勿以尋常尺牘視之。同治元年壬戌，立秋前四日，黃芳書於天光雲影樓，試張子和羊毫。

陳垣跋

右于文襄辦《四庫》時手札二冊，余昔見之陶蘭泉所為冊頁式。札皆有月無年，編次錯亂，袁君守和屬為訂正，付北平圖書館影印，此民國廿二年事也。今攜此冊見示，則已照余所編，改為書本式。其第廿六及五十頁之收藏印章，即原本之首尾二頁；其第四十一頁之印章，則原本上冊之末頁也。數年之間，物已三易其主，世變之亟，可為浩歎！君其寶之。中華民國卅一年春分後二日，新會陳垣。以上國家圖書館藏稿本《于文襄手札》

書于文襄論四庫全書手札後 陳垣

右于文襄敏中致陸耳山錫熊論《四庫全書》事手札五十六通。計附函五，無月日及有日無月者各七，月日具者三十七，然皆無年，不易得其次序。函中最早者五月十八，最晚者九月初十，蓋扈從木蘭時所發，而年則不止一年。其中用箋二種，六月十一，七月初七，七月十三，均有二函，而用箋不同，殆非一年之書。又六月望日三函，其二函箋式相同，且有「另札」「另寄」語，知為一日二書；其一函用箋不同，亦非一年之書也。原編徒以月日為次，故事實多倒置，今細為考證，知其間實有四年。

六月初三日函云：「聞初一夜雨甚大，較廿一之雨如何？」據《實錄》，乾隆卅八年五月廿三日諭：「廿一日，懷柔、密雲一帶大雨。」則此六月係卅八年。七月朔日函，述璞函從軍死事。璞函趙文哲，死於卅八年六月金川之役，則此七月亦卅八年。七月十三日，九月八日函，均述及諸城。諸城為劉統勳，卒於卅八年十一月，則此七月、九月，亦卅八年。

五月廿三日函，述黃副憲謝賞《佩文韻府》。黃登賢等賞《佩文韻府》，見卅九年五月十四日諭，則此五月為卅九年。七月初六日函云：「接李少司空札，《水經注》尚有可商，希與東園言之。」李友棠卅八年八月始擢工部侍郎，

《水經注》卅九年十月校上，則此七月為卅九年。七夕函稱：「《舊五代史》進呈後，已蒙題詩。」《舊五代史》進呈於四十年七月三日，則此七夕為四十年。

五月廿二日函，稱「紀、陸兩學士」，六月廿四日函，稱「耳山學士」。陸錫熊四十年七月後，始授翰林院侍讀學士。此稱學士於五月、六月，當為四十一年。據《起居注》，乾隆卅八年五月八日，啟鑾秋獮木蘭，九月十二日回京；卅九年五月十六日啟鑾，九月十二日回京；四十年五月廿六日啟鑾，九月十六日回京；四十一年五月十三日啟鑾，九月十六日回京。故此諸函前後互四年，而不出五月八日以前，九月十六日以後也。

編纂《四庫全書》掌故，私家記載極稀。諸函備述當時辦理情形，多為官文書所不及，事關中秘，殊可寶貴。于敏中以大學士總裁其事，據尋常觀察，必以為徒擁虛名，機軸實出紀、陸二人之手。今觀諸札，所有體例之訂定，部居之分別，去取之標準，立言之法則，敏中均能發縱指示，密授機宜，不徒畫諾而已。雖其說與今《四庫》內容不盡相符，如六月廿三日函云：「《文選》照汲古閣本抄錄最妥，若別用六臣注本，並寫既多費工夫，又與御覽之本不合。」今總集類六臣注《文選》，仍與汲古閣本並錄。

六月廿四日函云：「《子淵集》，『酒賢』作『納新』，對音甚不妥，祈即告小岩（宋銑）、純齋（劉錫嘏），囑其另酌。」今別集類《金臺集》《子淵集》，「酒賢」仍作「納新」，蓋因《四庫全書》之成，在敏中既卒之後，館臣不盡從其說也。然敏中學術之名，久為高官所掩，此冊刊出，可一改從前觀察。其他遺聞軼事，足資考鏡者尚夥。

今日《四庫全書》精華，允推《大典》本，集部卷帙尤富，而當時士論並不重視。據七月十三日函，劉統勳曾有不樂裒輯之意，于敏中亦以雞肋比之，更有主張集部概行不辦者。另一七月十三日函，云「竹君火氣太盛」，諒亦因此。又曹習菴仁虎承辦《熱河志》，欲查各處行宮間架方向，此言營造學者所樂聞也。而敏中六月十七日函，則曰：「何必為此費力不討好之事！」又曰：「節外生枝，徒自苦而無益。」蓋欲急於成書，不暇求備。全《四庫書》率如此，不獨一《熱河志》為然。

統觀諸札，辦書要旨，第一求速，故不能不草率；第二求無違礙，故不能不有所刪改；第三求進呈本字畫無訛誤，故進呈本以外，訛誤遂不可問。敏中亦深知其弊，故其奉辦《日下舊聞考》，附函有曰：「此書私辦更勝於官

辦」。六月十一日函亦曰：「欲將《玉海》校正，另行刊板，不由官辦更妥。」然則世之震驚《四庫全書》者，可以不必矣。

此冊舊為上海徐氏所藏，後歸星沙黃氏。今歸武進陶氏，由北平圖書館重為編次，付諸影印。黃氏跋謂敏中之撤賢良祠，係總裁《四庫全書》之罰，絕非史實，附正於此。民國二十二年立秋後四日，新會陳垣書於靜宜園之見心齋。

本篇載於《北平圖書館館刊》第七卷第五號（一九三三年九十月合刊），及北平圖書館《于文襄手札》影印本（一九三三年十一月）。《陳垣史學論著選》

李慈銘《沅江秋思圖序》本事考

張桂麗

一、《沅江秋思圖序》

李慈銘性情風雅，工詞章，擅長駢文，生前文章廣為傳抄，王先謙編《國朝十家四六文鈔》，選其《湖塘林館駢體文》二十餘篇。而他的同鄉友人何澄據朋友間傳抄駢文，輯成《湖塘林館駢體文》一卷，與王氏選本篇目略有不同。李慈銘駢體文集大成者當是曾之撰、曾樸父子校勘的《越縵堂駢體文》四卷。三個版本不同的駢文集刊刻行世，足以證明李慈銘的駢文在晚清文壇中的流傳及影響。他有一篇駢文《沅江秋思圖序》，被民國間大東書局收入《歷代駢文菁華》，篇末係編者評語曰：「騷怨秋心，惆惆如訴。」可知其駢文成就為學界所認可。其文云：

> 蓋聞楚天為結恨之鄉，秋水實懷人之物。白雲無盡，蒼波卷空。騷客所鍾，韻情乃寄。況夫蘭芷被澤，風露泫華。香叢叢而益幽，態傲傲以善斂。當其朝霞在嶺，夕月臨江，哀猿一鳴，棹謳間發，故將愁絕，誰曰能堪？僕本恨人，何時不憶？至若丹楓落葉，朱橘迎霜，寒色片帆，客心千里，蹇修既具，魂夢為勞。雖楚遊之計未諧，而湘靈之思無歇。爰傳尺素，續此遙衿，庶幾點綴騷客，流連墨雨。春風若彩，誰尋白蘋之花？微波可通，永證斑竹之淚。

李慈銘一生未曾踏足湖南，所以，他憑藉「沅江」而引發的秋思，不過是託物寄興、失意之文而已，深遠渺茫，無法確指何人何事。這是一篇題畫文字，畫面蕭瑟，寄意騷雅，李慈銘老朋友沈寶森有題詩一首，頗能貼合圖畫：

雲際蒼波接洞庭，懷人涕淚入騷經。

只憐宋玉秋無主，誰信迷陽客獨醒。

飛雁細兼殘葉下，哀猿涼入曙鐘聽。

重張越縵調湘瑟，畫裏寒山隔竹青。〔註1〕

多年後，樊增祥追題《沅江秋思圖》：

郎官平揖對三臺，朝論多聞惜此才。

積雨掩關塵夢少，幽禽啼竹好春來。

明時獻賦趨金馬，花下翻書檢玉杯。

爭怪故山猿鶴怨，獨因紅葉住豐臺。」〔註2〕

他結合彼時李慈銘官場失意的心情，已經和此圖初意漸行漸遠。陶方琦、譚獻的題詞，則綺語清麗，情事宛然：

甚年年，夢醒都在愁中。幾點燕子春心，憔悴到西風。幾處澧煙湘雨，怎紫蘭江上，不長珍叢。奈楚雲萬里，靈修漸遠，何處相逢。　　靈妃那去，珠簾秋水，愁種芙蓉。玉魫窗前，曾幾見、漢皋珠佩，香影匆匆。瑤琴寄與，渺水花，都作秋客。正望裏、驀沈思前事，芳音遼絕，波遠山重。（陶方琦《蘭當詞》卷上《湘春夜月·題越縵先生沅江秋思圖》）

草瘦芳心，柳迷倦眼，回首佳人遲莫。一片愁魂、還被水雲留住。思故國、不隔西風，奈離緒、尚縈南浦。最憐他、松柏同心，往來寂寞鈿車路。　　清秋江上望遠，只恐回帆浪急。公今無渡。霧失峰青，蕉萃鏡中眉嫵，垂翠袖、人憶當年，倚簟床、夢醒何處？怎禁得、彈冷箏絲，瀟湘和雁語。（譚獻《復堂詞》卷二《綺羅香·題李蓴伯戶部沅江秋思圖用梅溪韻》）

這幾首題詩均將圖意和湖湘聯繫的非常緊密，緊緊圍繞「沅江」，揣摩李慈銘心思，似乎十分貼近。李慈銘之風流由此可見，寫一篇即託騷雅的文章，請人圖繪之，並請朋友們題詞，自己卻不願道破其中隱曲。

然而，也有人從這幅《沅江秋思圖》中讀出與前人截然不同的意蘊。宋訓倫認為：

〔註1〕清沈寶森《因樹書屋詩稿》卷一《題李蓴老沅江秋思圖》。

〔註2〕清樊增祥，國家圖書館藏《杏花香雪齋詩集》附卷：樊雲門題沅江秋思圖七律一章。

須知這一篇小品實際是為了懷念他所眷愛的相公（孌童）芷秋而作。芷是沅江所產的植物，這相公原籍湖南，所以又給他取了一個雅號名叫『沅江君』。他還有一首《念奴嬌》詞，題目便是《清明夜從沅江君飲和稼軒韻》，那是在芷秋家裏飲了酒的抒情之作。〔註3〕

宋訓倫從《越縵堂日記》中發現李慈銘與芷秋的蛛絲馬蹟，對「沅江」的解讀另闢蹊徑，一掃舊說。他但也僅是揣測，沒有認真的做一番考究，以「沅江君」為指歌郎芷秋，符合事實，而稱其為湖南籍則屬想當然。另外，這篇序並非因「懷念」而作，而是纏滿悱惻的交往熱烈期的詠歎。

宋訓倫所謂的「《念奴嬌》詞」，即李慈銘《霞川花隱詞》卷一《念奴嬌·乙丑清明夜飲賓秋館時予將南歸矣醉後和幼安韻》：

> 病懷無賴，又歸期、耽誤禁煙時節。黯黯輕陰留薄醉，羅袖夜來寒怯。燭底新妝，尊前私語，一日都難別。東風心事，流鶯多半能說。　　還記昔歲初逢，小庭今夜，正映濛濛月。彈指桃花回作夢，恨事眉頭重迭。燕子光陰，杜鵑鄉里，愁把垂楊折。相憐南望，吳山天際如發。

當時他捐官在京候補已五年，債務纏身，科考不順，而老母病重，頻催南歸，他因戀芷秋而猶豫不決，「燭底新妝，尊前私語，一日都難別」。臨行前頻繁相會，他和幾個客居京師的好友到宴賓齋小飲，請歌郎止秋、止儂作陪，詞中「尊前私語，一日都難別」寫的是兒女私情，臨別不捨，故而宋氏稱這首詞是為他眷愛的相公芷秋而作，亦符合事實。

《沅江秋思圖》又是怎樣一幅圖卷呢？

同治三年四月二十六日，《越縵堂日記》「以素幅屬友人畫《沅江秋思圖》，自製小序云。」此處的「友人」未必真有其人，是他先有意作文，故作虛言。而畫作則在次年才請潘曾瑩圖繪於便面之上，同治四年四月二十七曰：「作書致星翁，乞畫《沅江秋思圖》、《綠暗紅稀出鳳城圖》兩便面，並為芷秋乞畫紅豆將離便面。」這是典型的先有文章，再有圖畫，並非是題畫詩賦了。

潘工山水花卉，並且喜延接後學，欣賞李慈銘的才情，不僅親自登門拜訪，贈書求詩，還喜歡閱讀李慈銘的日記，摘錄之成《蓴記摘雋》（李慈銘號蓴客）。《沅江秋思圖》繪於團扇，用以日常，所以，沈寶森與樊增祥題詩、

〔註3〕《李慈銘及其日記》（下）（《藝文志》第148期，轉引自《李慈銘傳記資料》），臺灣天一出版社。

陶方琦與譚獻題詞時，未必真目見這個團扇上的圖繪，大約也是據李慈銘這篇《沅江秋思圖序》中所述沅江清秋，白雲無際，江濤卷空，江岸芷蘭中孤立一人，望飛鴻而若思，不過據其文而演繹之。

關於《沅江秋思圖序》的主旨，是隱喻同性戀情，或是寓意宋玉悲秋的失意落寞情懷，真實的創作本意，需要進一步刺探《沅江秋思圖序》的本事，方能結論。

二、戀慕歌郎

晚明以來，男風之尚愈演愈烈，如陳維崧、李漁、袁枚、鄭燮、畢沅，並不忌諱自己同性之戀的經歷，載之詩詞文集，傳為風流韻事。至晚清，京師戲劇演出空前繁盛，所稱四大徽班，三慶、四喜、春臺、和春名優雲集，歌童小唱也隨著當時戲曲的繁榮而進一步地專業化，成為伶旦，尤其是生於南方養於京師，擅演崑曲崑曲《牡丹亭》《長生殿》者最為炙手可熱。名伶成名後，布置私人的寓所，集中在韓家潭，宣南胡同一帶。招納徒弟，延接客人，提供酒食，同時也應邀到各大戲院粉墨登場，上至朝官貴人，下至走卒，無不為之傾倒。尤其是初入京師的外省士子文人，一曲終了，無不魂喪神奪。清中期名士梁紹壬曾對這時的風氣作了這樣的概括：「軟紅十丈春風酣，不重美女重美男。婉轉歌喉嬝金縷，美男妝成如美女。」〔註4〕他們貌美善歌，工於結交，出入士大夫酒宴，亦置私第招士人，以女裝穿梭於戲樓茶園、酒樓飯莊、郊野寺園，賣色輕藝，從而獲財不菲。晚清小說《孽海花》《官場現形記》《品花寶鑒》都有描寫沒落士子文人及達官貴人的狎相公的畫面。

官員狎妓，有玷官箴，而追捧歌郎，則無傷大雅。京師士夫之間清談冶遊，豪華宴會，皆有「相公」陪坐，以為風流。李慈銘以為酒邊左史，小寄閒情，老輩風流，賢者不免：

> 余以冗官病廢，勞心著述，同人過愛，時以食酒相邀，冀為排遣，雖甚勉強，偶亦追從。秋、霞兩郎，實所心賞，杖頭稍足，花葉時招。而魑魅喜人，浮遊撼樹，遂疵瑕顏叔，瘢垢魯男，增飾惡言，快弄利口。其相愛者復勘泯其事蹟，隱厥姓名。豈知野馬滿空，何傷白日，雜花亂倚，奚病孤松？既為之矣，諱之何益？〔註5〕

〔註4〕梁紹壬《兩般秋雨庵隨筆》，上海古籍出版社，1982，頁322。
〔註5〕《日記》光緒三年四月初七日。

晚清世局失序，再難現前中期名士美伶戀慕士子的佳話。李慈銘喜歡年輕貌美的歌郎，眾所周知，亦不諱言。但他尊重歌郎的才藝，並不狎褻，這些歡場陪酒歌郎也敬重他，至以理學名儒、道學先生待之，李慈銘也以此自豪。是一種惺惺相惜的知己般的情愫。

> 詣邁甫，並晤研孫，邁甫邀飲同興居，研孫招小福，予招芷秋，
> 邁甫招心蘭，晡時命酌，二更始散。是日諸郎形跡媟昵，頗異於常。
> 芷秋倚予肩而歌，予雖亦酬答之，要仍凝然自處，此中風調非今日
> 士夫所知。〔註6〕

李慈銘自命不凡，隨心所欲而不逾矩。名士、美伶相戀，在李慈銘這一方看來是具有精神戀愛效應的真情行為，並非只有性慾的同性戀模式。

雖然這是一種社會風氣，但具體於個人身上，仍屬於非普遍的現象，內含特殊的生理與心理原因。李慈銘自稱「予瀕年偃蹇，稍欲跌蕩自放，又性好色，時有羅襦薌澤之想」（同治三年十一月二十九日），頗能自道其性。他與表妹相戀，卻於十四歲為祖母沖喜而娶並無感情的表姐，造就一生憾事。他與妻子琴瑟不和，且體弱遺精，二人遂分居。這種戀愛受挫、夫妻不偕給他帶來情感上的傷害，隱藏於內心深處。同治初他在京師補官，沒有攜帶家室，情場失歡、科場失意，又遭朋友孤立，穿梭於戲院酒樓的體態輕盈、眉目含情、聲腔婉轉的歌郎，激活了他內心的渴望，遂與之傾心來往，神交形合，情感相通。「幸見一人而愛之，平生懷抱便舉以相付。」他描述的這種情感體驗，幾乎就是一種戀愛心態。鄭板橋也好男風，但他比較清醒，自稱「酷嗜山水，又尤多餘桃口齒及椒風弄兒之戲，然自知老且醜，此輩利吾金幣來耳。」而李慈銘入戲太深，把賣唱人的米湯眼淚，視為深情款款，譏諷那些粗鄙的狎客，同情歌郎的卑微處境，自詡歌郎們傾倒於他的學問、性情，故而舉債度日，仍出手闊綽，賞金良多。

張次溪輯錄《清代燕都梨園史料》，收入《越縵堂菊話》一卷，則從李慈銘日記中摘錄與歌郎交往資料二十二則、文二首、詩二十三首、詞十闋。趙元禮題詞有云：「侈談精舍鬪朱霞，老眼模糊愛看花。不畏人譏與鬼妒，蓴翁心境本無邪。」〔註7〕可以佐證李慈銘的確與歌郎更多的是柏拉圖式的精神戀愛。

〔註6〕《日記》同治四年正月二十日。
〔註7〕《清代燕都梨園史料》中國戲劇出版社，1988。

　　同治初，李慈銘坐館禮部尚書周祖培府上，與周族侄周幼樵、工部尚書陳孚恩族侄陳驥皆同治初由外入京師，三人惺惺相惜，沉迷於歌郎酒會不可自拔，追逐聲色，流連於名伶。當日京城有一位歌郎「芷秋」，乃大名鼎鼎的沈全珍（1848～？），江蘇蘇州人，擅長崑曲，隸四喜部，與兄芷儂同出朱雙喜之春華堂，後自立門戶，起麗華堂〔註8〕。咸豐、同治間尚是賣唱的小生，至光緒間才大放異彩，與程長庚、徐小香、小叫天等皆有合作。

　　李慈銘早在咸豐十年就知道沈全珍的傳聞，《越縵堂日記》咸豐十年七月二十曰：

　　　　昨聞有中書舍人吳某者，係歙縣尚書椿之子，以舉人入貲得官，狎歌郎全珍〔全珍，沈姓，字芷秋，近年來名噪樂部，都中昆旦推為第一，而吳君墓草久宿矣〕，負纏頭貲數百緡，嗣呼郎輒不至，而吳惑之愈甚。數日前吳偶過郎，郎適以事被師所笞，吳輒以好語誘之遁，即挈郎上車去。吳時貧甚，不能居京師，遂謀同出都，未行，郎之師率人入吳室，啟櫃搜得郎，遂惡語侵吳，吳慟哭，謂郎曰事不諧，吾必死矣。郎歸，吳是夕仰藥死，聞其數月前題壁有「堪羨多情甘太史」之句。吳年已四十餘，予於正月間曾兩與飲曲中，貌寢陋，目斜視，其狀甚鄙塞。記其所招者乃桂玲、珣葦，未嘗及全珍，不料其鍾情至此也，聞之可為駭異。

　　這位吳中書竟以私自佔有沈全珍不得而吞鴉片，李慈銘為其癡心鍾情至以殉情，以為駭人聽聞。但當他與沈全珍交往以後，竟然也為之沉迷，甚至爭風吃醋：

　　　　晡後出赴飲，招芷秋，久不至，及罷酒始來，予頗怪之，略不顧接。芷秋掩抑通辭，玉容寂寞，告予以頃飲龍樹寺，見君一紙，即驅車歸，道濘，行又不得速，甫及家，聞君車已駕，亟踉蹌來。因舉靴視予曰：街泥已污約矣。予轉益憐之，與從容小坐而別。自惟此等嗔癡，有何真妄？顧眉間化佛，不離蕉樹之身；指上豎禪，未絕藕絲之痛。桃花有影，明月無香，帶水拖泥，只博合眼一笑而已。〔註9〕

─────────────────────

〔註8〕《清代燕都梨園史料·明僮續錄》上冊第 427 頁：「麗華沈全珍，字芷秋，吳人。玉立亭亭，擅碩人其頎之勝。演《遊園》、《驚夢》、《鵲橋》、《密誓》等劇，體閒儀靜，纏綿盡情。每登場，恒芷儂偶，璧合珠聯，奚啻碧桃花下神仙侶也。」

〔註9〕《日記》同治三年七月初十日。

芷秋遭責怪即玉容憔悴，誤會釋疑後，李慈銘體貼而憐惜之，這種小兒女情態，煞是可愛。他與沈全珍親密始於同治三年，沈演崑曲《牡丹亭》，聲色當場，此後三年，數日即一面，且一日不見如隔三秋，纏綿不已：

午詣文昌館，與陝西司諸同官團拜，到者二十四人，人派錢十四千，演四喜班，昆伶畢集，芷秋演《驚夢》尤為擅場，惜接坐連茵，驢鳴狗吠，為可厭耳。〔註10〕

演四喜部，當場多昆伶，極一時之選，芷儂、芷秋演《後親》一齣尤流麗可喜。〔註11〕

前日芝郎索書扇為贈。昨買得竹骨栿漆便面一柄，今日勾蓮舟以泥金書之，因賦贈芷儂絕句五首，屬蓮舟並書其上。云：桃葉桃根總出群，賀家絃索廣場聞。月明風細人聲定，誰問當年白練裙。
〔芷儂、芷秋演《鵲橋》、《驚夢》等齣，為都中昆伶第一。〕〔註12〕

至同治五年出都南還，臨別戚戚，依依不捨，本因囊資羞澀，一再拖延歸期，卻稱貸尋歡，不能自拔，臨行依然慷慨贈沈芷秋二十金為別，可謂意亂情迷之極。《日記》同治四年五月初三曰：「詣芷秋話別，再贈六金。」初六曰：「與芷秋話別。芷秋言昨夢送君至寶居，雞鳴而別，不圖今日獨得見君。」初七曰：「贈芷秋吳繡煙荷包一枚。」行至上海聽崑曲，仍思戀芷秋之唱腔靜細沉著，不作浮響，每一轉喉，座客肅聽，無復喧呶，一聲出動物皆靜，四座無言，與上海大雅部的蘇州崑班有仙凡之別。

這篇《沅江秋思圖序》寫作之時，正是和沈全珍一見傾心、你儂我儂之時。之所以用「沅江」，暗含沈芷秋之名字，因為沅江具有代表的水生植物就是芷草，屈原有「沅有芷兮澧有蘭」之句。他寫好以後，專門給有同嗜歌郎的至交陳驥分享，陳驥為撰《沅江秋思圖後序》，李慈銘稱他的後序其「情辭極清綺」，但文字未見傳。陳驥江西新城人，吏部尚書陳孚恩族姪，旅居京師，爭逐聲色，眷戀歌郎，未幾病死，李慈銘甚傷之。

夜聽雨聲，淒苦不寐，成七律四首。《雨夜有憶四首》之四：咫尺青鸞便斷聞，漫書花葉寄朝雲。燈前秋扇留殘滴，雨後春衫發故薰。楊柳長為牽恨物，蘼蕪新著懺愁文。多應終古沅湘水，翠被蘭

〔註10〕《日記》同治三年正月二十日。
〔註11〕《日記》同治三年正月二十七日。
〔註12〕《日記》同治三年四月十六日。

－125－

舟怨鄂君。〔註13〕

這是同治三年六月，與芷秋交往最為熱烈之時所寫懷人詩四首之一，「鄂君」春秋時楚國公子，名子晳，貌美，劉向《說苑》稱他泛舟水上，從容優雅，有一划船的越人暗生傾羨，便用越語歌吟「山有木兮木有枝，心悅君兮君不知。」鄂君乃攬入行舟，相擁而眠，後世用「鄂君繡被」指代同性戀。文獻史料中記載的同性戀並不多，在男權社會中，男男戀慕並不是羞恥之事。根據《越縵堂日記》同治三年的記載，此《雨夜有憶》之四，當是指沈芷秋無疑。

李慈銘同治五年返回紹興，同治八年中舉，次年正月即入都，此時的沈芷秋已不輕易見客，李慈銘專心科舉，二人之情已消滅無存，再無往來。同治十三年，他與潘曾綬唱和詩詞，時及芷秋，曲終人不見，斯人仍憔悴：

《紱庭丈辱和賞菊詩走筆成四絕句柬之》

風流此老地行仙，我亦桑榆近暮年。安得五湖攜手去，詩情無限晚霞天。

一年幾負看花約，老圃商量到菊花。為掃青苔黃葉地，杖藜時遇冷官家。

蓉城久住秦淮海〔謂宜老〕，蓬島新除宋侍郎〔謂雪翁〕。猶喜兩翁清似鵠，白頭分占午橋莊。〔兼柬星齋二丈。〕

輕薄兒曹奈爾何，老懷同調劇無多。沈秋已嫁錢青弱，消遣年光一曲歌。〔註14〕

三、斯人獨憔悴

李慈銘的同性之戀行為，與其初戀受阻、體弱遺精、京師男風盛行有關，集中表現在三十五歲前後最落寞的時期、五十五歲前後最得意之時，屬於偶而的性倒錯。這也是他窮愁不遇之時灑脫不羈的個性表現，寄情聲色，以逃現實。但他也並非一味癡頑，月明人靜之時，亦自悔過。周祖培的族侄周幼樵，陷於與芷儂的愛戀不可自拔，李慈銘同情他幼年喪父，科場又蹉跎，如今情陷歌郎，囊中已空仍癡迷不悔，不久病死京師。李慈銘曾婉言規勸，並引以為戒，減少與歌郎們周旋：

〔註13〕《日記》同治三年六月十九日。
〔註14〕同治十三年十月初二日。

夜同幼樵前燭深談，歷兩時許。幼樵性情真至，為時流中所少
見，其眷眄芷香，幾近癡癖，正可觀過知仁。〔註15〕

招幼樵夜談，幼樵眷戀芷香，殆無凡匹，惟盼一第以為永歡。
近日將揭曉，一則質衣以極遊，一則誓神以以禱捷，幾乎鏤心作字，
挈臂盟絹。昨夕幼樵灑淚償貲，豫為訣別。予之返館，已過三更，
滅燭而瞑，蓋將五鼓，幼樵排闥直入，告予此情，淚光熒然，猶浮
醉頰，發言伊鬱，若不自勝。予亦愁人，愛其癡癖，頗翼得雋，以
遂所懷。乃錄幘在前，青衫已放，淡墨少相思之字，泥金成鑄錯之
書。信乎情緣固招物忌者矣。〔註16〕

作書致德甫，多敘次愁怨之辭，以囊金已盡，不能再涉沅江也。
〔註17〕

「不能再涉沅江」指財資耗盡，不能再追逐歌郎。每次歌郎清歌佐觴，車
錢、酒錢、纏頭錢，所費不貲。歡場作秀，為爭顏面，常出手闊綽，所得微薄
薪俸，盡入歌郎私囊。李慈銘候補郎中，每月不過十餘金，生計尚不足，何能
征逐歡場。

夜詣裕興居，從松堂飲，予招芷秋，蓮舟招芷香，松堂招玉喜，更
余歸。予近日亟圖南發，而芷秋益妮妮纏人，此亦命中小蹶也。〔註18〕

夜詣允臣臥內行藥閒話，允臣言昨在酒家遇芷秋，言明日釁演
《尋夢》，屬必致予往。此郎攪人不已，正坐我命窮耳。因思去年四
月識此郎時，德夫屢沮止予，謂芷秋性冷，不可近，我輩以杖頭博
歡，何苦相嬲？予終不聽，德夫知不可回，乃以他事激怒之，予亦
不為止。一日謂德夫曰：人生今世，豈尚有行胸懷時？出門見人，
輒生嗔怒，幸見一人而愛之，平生懷抱便舉以相付，君不肯以酒邊
片席地相饒耶？德夫聞言，惝然自失，由是反從臾予，為之作《沅
江秋思圖後序》及尋秋詩。〔註19〕

這位陳德夫乃李慈銘患難之交，所謂諍友者也，他從李慈銘處境考慮，
實在不應該與這位芷秋流連忘返，但良藥口苦，李慈銘始終不聽他勸解。他

〔註15〕同治四年三月十八日。
〔註16〕同治四年四月十一日。
〔註17〕同治三年五月十七日。
〔註18〕同治四年正月二十七日。
〔註19〕同治四年二月初七日。

陳述自己的痛苦之處：京師若大，無一當意者，幸有此歌郎，讓他心目為之舒展，偶而沉迷，權當消愁。陳德夫聽他這樣說，再也不阻止他，反而鼓勵他，暫入溫柔鄉，以解萬古愁，可謂是知己無疑了。李慈銘更是一往情深，不可收拾，讀書治學也荒廢了。歌郎的纏頭錢，他是當場付清的，從不拖欠，有時候為一次聚會，他要提前幾日就向朋友借貸。留宿一晚，要耗六七金，他每月靠著十餘金的印結銀生活，刊刻《賣文條例》，以補生計。

> 小極無聊，讀書不娖，乃娾晏樂漸，致淫色而廢日，貪娭而厭常，神弛則病癒深，形嫚則欲益熾，急宜自警，勿為非人。〔註20〕

> 未飲酒時倦甚，熟臥芷秋室，幾不能起，為德甫、慈民所嬲而醒，此亦近年衰徵也。強作童騃，殊可自笑。近日窘甚，無一錢，今日向蓮舟借得銀十兩，一夕間已耗大半矣，當誡後人毋效我拙。〔註21〕

他雖癡迷，尚為冷靜，一則舉債度日，囊中羞澀，無力付歌郎們的纏頭（李慈銘日記中皆稱之開發錢）；一則以讀書力學自勵，頻與歌郎廝混，耗費心力；他清醒時自責不已，一旦鬱悶無聊，又任性妄為。這樣的矛盾糾葛非常痛苦。他到底有何愁緒，如此難以消解？這需從他緣何入京師捐官談起。

李慈銘十二三歲即以詞賦揚名紹興，二十四歲時與周氏兄弟惺惺相惜，組建「言社」，書札往復頻繁，詩詞唱酬，意最契合。李慈銘科場屢不得志，周星譽為其謀劃異途，即捐納。清政府經第一次鴉片戰爭、太平天國衝擊，國庫虧空，遂加大賣官力度以籌軍餉。對於家道小康的李慈銘來說，此乃快捷方式。而當時，太平軍盤踞江南，英法軍不斷騷擾沿海地區，江浙皖之地難民四處流離，物價倍增，饑民強索錢米，釀成民變，田園荒蕪、人心惶惶。這種動盪時局之際，士子靠科舉進入宦途，前景愈發渺茫。但在周氏兄弟慫恿下，他決定賣田捐官，湊足八百餘兩，向福建捐局捐報戶部郎中，咸豐九年，他同周星譽入都捐官待補。福建地方官收捐項之後遲至秋季才上報戶部，而戶部責其久不上報且隱瞞履歷，反罰他補繳三百餘兩罰金。這種意外，對初到京師、寄人籬下的李慈銘打擊很大，他的母親毅然賣掉壽田，得銀三百兩，委託周星詒轉交，以繳納罰款。而彼時周星詒亦苦於捐資不足，便萌生私念，挪用這筆錢捐得福建某縣丞，立即上任而去。李慈銘沒有及時得到家書，也不知道母親將錢委託周星詒。其間，他還寫信殷殷詢問遠在福建的周

〔註20〕同治四年二月十三日。
〔註21〕同治三年五月初十日。

星詣，卻不知早已為對方所騙。待知道為友所賣，悔恨交加，與之絕交。好在有江南一眾朋友的支持推揚，他得以坐館尚書周祖培家，月束脩十金，遠不能償還戶部罰款，只好借高利貸，賣文求生，靠朋友接濟度日。

太平軍攻陷紹興，他心繫處於水深火熱之中的老母弟妹，然債務纏身，無力返鄉。窮愁潦倒，孤立無援，不免借酒消愁，暫逃紅塵，遂與歌郎廝混。繳清罰款後，他分到戶部學習行走，所作乃到宮門遞摺子、陪親王祭祀這些下走之事，他非常懊惱，有一官誤平生之歎，更是自我麻醉，買酒澆愁，與賣唱人惺惺相惜。

更為重要的是，從咸豐十年入都，至同治四年返鄉，他在京師落落寡合，雖然他擅長詩詞文章，但京師的學術氛圍不是他一時可以融入進去的，這也是他學術生涯上最困苦的一段轉型時期。清代不少的著名學者都有類似經歷，即早年以詞賦贏得聲名，繼而鑽研學問，克制文學創作，以保證有充分的精力來讀經史，學人的意識比較強烈。譬如乾隆之際的洪亮吉、孫星衍，最初都被袁枚譽為天才詩人，後來傾力於經史考據，詩人黃仲則一入京師，也為這種時代風氣所薰染，以致於要棄詩而為考據〔註22〕。這正是清代重知識主義的反映。

李慈銘在京師時受到潘祖蔭引重，潘喜金石收藏鑒定，舉消夏之會，越縵題詠金石頗多。京師的學術氛圍非常濃厚，士子雲集，購置、借閱書籍也較方便，此間他讀《戴震遺書》、阮元《擬修國史儒林傳稿》，結識了治漢學者如桂文燦、張星鑒等，交相討論、影響。這個時期對李慈銘非常關鍵，他正是在窮愁中，開始以密實求是的漢儒家法鑽研經史，奠定了他一生的治學路向。他也不斷檢討自己的學業，為生計奔走而用心不專，是最大阻礙。

> 予幼喜觀史，迄今三十外人矣，學殖愈荒，文章不進，顧著書之念，嘗形寤寐，但得稻田五十雙，當築室湖塘柯山間養親，讀書十年，以後更竭十年之力，從事南宋九朝，以成一書……浮泊京師，心力困瘁，身叢憂患，家遭亂離，未知何日得償斯願，思之慨然。〔註23〕

《沅江秋思圖序》創作後十年，他在《一萼紅》小序中自剖心曲，「夜同

〔註22〕黃葆樹等編《黃仲則研究資料》第 111 頁，上海古籍出版社，1986 年。袁枚《答黃生》云：「近日海內考據之學，如雲而起。足下棄平日之詩文，而從事於此，其果中心好之也，亦為習氣所移動，震於博雅之名，而急急焉欲冒居之也？」

〔註23〕《日記》咸豐十年十二月十五日。

梅卿填詞，予得《一萼紅》一闋，心似彈棋局，終朝不自平，非知本事者不能解也。」〔註24〕。好在我們以他的日記為據，考其本事，探其隱曲，這篇《沅江秋思圖序》寫作時的寥落情緒，便自然呈現在讀者面前：

> 《一萼紅・舊乞潘星齋侍郎畫〈沅江秋思圖〉，寄意瀟湘，實傷遲暮。今年春試，風影多奇，湘瑟無靈，焦桐已爨，恨弱水之無力，怨問之不良，偶逐吳敏，小延楚思，語擁楫以無歡，懷采蘋而何已。星丈復為作〈菱花秋水〉便面，因以曼聲譜之。微波脈脈，孤鴻冥冥，不徒江上峯青之感也》
>
> 記年時，試凌波步屧，常自惜春遲。雁去西風，猿啼夜月，幽恨傳遍江籬。漸開到、紅蘭碧芷，費幾許、花葉琢新詩。露白舟空，峯青霧擁，那解相思？　腸斷《懊憹》重唱，只瀟湘意淺，不繫縈絲。綠綺寒簾，黃金解佩，心事都怕人知。忍偷換、珍珠密約，便緘淚、何處更通辭？剩有菱花鏡中，畫取空枝。〔註25〕

自道繪《沅江秋思圖》是「寄意瀟湘，實傷遲暮」，彼時方三十六歲，何以「遲暮」？彼時，他官事齟齬、科場蹉跎、知友絕交、債務纏身、學未有成，獨處京師，孤立無援，在極度的失落、憤恨之下，縱情聲色，以求解脫，的確有其可被理解、同情的緣由，所謂觀過知仁。難能可貴，他能自我約束克制，讀書治學，同治九年中舉，次年入都，著述有成，立身有本，在京師周旋已遊刃有餘，那位曾令他迷亂而自暴自棄的沈芷秋，便也不再出現在他的視野裏，已是曲終人散，各奔前程了。

四、結語：文學作品與文人心靈

依據李慈銘的《越縵堂日記》，我們發現他和芷秋同性之間的私密關係，他自稱這是抒發抑鬱不得志的情感，但吟風弄月並不是《沅江秋思圖序》的全部涵義。他極好玩了一把文字遊戲，「沅江」、「秋思」既預設了文人騷客悲秋的文章基調，又巧妙地暗藏芷秋的名字。

李慈銘眷戀的歌郎不止沈芷秋，還有朱霞芬、錢秋菱，交往中完全視他們為女性，在寫作詩詞時，也完全是戀人語氣，牢愁綺思，搖曳生姿。故而解讀古人蘊藉含蓄或不明所指的抒情作品，要細心多方面考索，不可輕易斷言。

〔註24〕《日記》同治十三年五月二十七日。
〔註25〕《日記》同治十三年五月二十七日。

　　文學作品的解讀，需要多角度、多文獻資料來綜合，尤其是那些具有自傳性、暗藏有作家隱秘情感的作品，如無題詩之類。如果僅從題目字面是很難發現作者的隱秘情感，除非有更為私密的著述如日記、信札之類，作解碼器來追蹤他記錄的心跡，解讀其文學作品，即我們經常說的「本事」。否則，很難確定說，作者一定是蘊涵了某種寓意。日記的私密性、保密性，記錄情緒起浮、內心體驗，娓娓道來，亹亹不休，具有即時性，是最忠實的自白，可以近乎完美地應用於撲捉其心理活動、情感體驗。

《南村輟耕錄》輯錄的
松江民俗文獻及其價值

胡薇、戴建國

　　陶宗儀（約 1316～約 1401），字九成，號南村，浙江黃岩人。元末明初著名的文學家、史學家。因妻費氏為松江（今屬上海）人，其家為松江大戶，中年時即隱松江南，遂以南村為號。陶氏僑寓松江數十載，耕讀之暇，筆錄見聞，在元末撰成《南村輟耕錄》凡三十卷，近 20 萬字。

　　元代文學家邵亨貞《南村輟耕錄疏》云：「凡六合之內，朝野之間，天理人事，有關風化者，皆採而錄之」〔註1〕。《南村輟耕錄》自卷六開始，徵引松江地方雜聞及掌故，從中我們可以一窺元末松江民俗之堂奧。此書採摭博而研核精，歷來研究成果多集中於陶宗儀的生平考察或編纂過程的考證，也有對作品詞彙和語料分析等，而針對其中的民事逸聞缺乏深入細緻的考究。無論是用《南村輟耕錄》來研究松江民俗，還是從松江民俗視角來研究《南村輟耕錄》，都具有極高的民俗文獻價值。本文以《南村輟耕錄》所輯錄松江的民俗文獻為研究對象，對《南村輟耕錄》的民俗進行系統觀照。

一、別出機杼：松江民俗發現

　　元末，社會動盪，烽煙四起。然而至正十六年（1356）前的松江民熙物阜，獨保完實，鴻儒碩彥多淵藪於此。在此之前，陶宗儀為避戰亂舉家遷往松江，在松江城北泗水之南（今泗涇鎮南）結廬定居，美其名曰「南村草堂」。

〔註1〕　（明）邵亨貞，南村輟耕錄疏〔M〕//（元）陶宗儀撰，李夢生校點，南村輟耕錄，上海：上海古籍出版社，2012：1。

南村一帶水深林茂，南浦環其前。流寓附近的文人墨客頻繁來往，豐富了陶宗儀的避居生活，更擴大了他的見聞。作為人類文化中最生動鮮活的部分，民俗常在文人作品中有所顯現。陶宗儀久寓於松江，得窺當地風土之情，熟知當地民俗民風，而這些構成他所著的《南村輟耕錄》的重要題材。

松江古稱華亭，別稱雲間、穀水、茸城等。《南村輟耕錄》中明確注明「松江」者60處，出現在43條中，近2萬字；注明「華亭」者5處，共4條目；注明「雲間」者8處，「穀水」者2處，兩者散見於6個條目。諸條目中有不少關涉松郡舊俗。譬如卷二十四「黃道婆」條對棉紡織技術傳入松江的記載，卷二十九「墨」條、卷三十「銀工」條分別對製銀、製墨名匠的記錄等，卷九「食品有名」條記松江人喜食「蟛蜞螯」，卷二十八「解語杯」條記將酒杯置入荷花內再飲的雅俗，卷八「星入月」條有民眾對星象異變的關注，卷二十七「譏方士」條有遇旱祈雨的巫術儀式，卷二十二「禽戲」條敘述松江街頭巷尾常見的微型馬戲表演，卷二十四「勾闌壓」條記民眾觀看勾欄戲劇的盛況云云。

二、文以載俗：松江社會風俗詮釋

《南村輟耕錄》中輯錄的民俗材料對元末的松江民俗做出了全景式的關注，從有形的物質民俗到無形的精神民俗，因而具有文以載俗的功能。民俗作為人類社會群體固有的傳承性的文化生活現象，是在不同的文化環境和心理背景下展現出來的，《南村輟耕錄》為我們揭示出元末松江的重技、崇娛、好奢、尚祀的風俗特徵。

（一）重技

元代至元十五年（1278）華亭縣升為松江府。元代以降，松江府百工重技。以棉紡織工藝為例，傳統的紡織技術早就被使用。《南村輟耕錄》卷二十四「黃道婆」條云：

> 松江府東去五十里許，曰烏泥涇。其地土田磽瘠，民食不給，因謀樹藝，以資生業。遂覓種於彼。[註2]

烏泥涇土壤磽瘠，地質鬆散，極適宜種棉花。元代元貞年間（1294～1297），織機女黃道婆重返松江，改進捍、彈、紡、織之具，總結出一套系統

〔註2〕（元）陶宗儀撰，李夢生校點，南村輟耕錄〔M〕，上海：上海古籍出版社，2012：270。

工藝流程，使松江鄉民能織出寬幅的被、褥、帶等多種棉紡織品，並附有折枝、團鳳、棋局、字樣等精美圖案。由此松江家家皆聞機杼聲，《南村輟耕錄》卷二十四「黃道婆」條云：

> 國初時，有一嫗名黃道婆者，自崖州來，乃教以做造捍彈紡織之具，至於錯紗配色，綜線挈花，各有其法，以故織成被褥帶。其上摺枝團鳳棋局字樣，粲然若寫。〔註3〕

長時期的生產實踐使得松江棉紡織工藝技術豐富多彩，自成體系。所製棉布由原來粗糙、稀鬆、單一變得精細、牢固、美觀。番布、三梭布、藥斑布等松江棉布名馳全國。黃道婆的努力及手工棉紡織技術的興盛，極大地推動了松江棉紡織業的發展，也改變了人們的經濟與生活。元末，松江從事棉紡織業的門戶多至千家，紡織棉布成為當地的支柱產業，也是生活的主要經濟來源。松江城從富饒的江南魚米之鄉變為全國棉紡織中心。同時，由於棉花和棉布產量豐富，改變了上千年來以絲麻為主要衣料的傳統，棉布成為生活中的必需品。

松江歷來器重製墨之技。明代科學家徐光啟《論墨》所稱松墨已與徽墨齊名，可從《南村輟耕錄》卷二十九「墨」條得以佐證。該條記載歷代以製做高質量墨品為生的能工巧匠，松江衛學古便位列其中。衛學古以古法制墨，其墨淡不滲、濃不滯、宿不積，乃墨中珍品。松墨歷久不衰，明嘉靖三十八年（1559）的顧振海墨，堪稱松江製墨業之翹楚。由於工匠們在選料、加工程序諸方面的要求甚嚴，使松墨在技藝上始終保持高質量水平而不至於粗製濫造。

（二）崇娛

宋元時期，縱情娛樂之風尤盛。勾欄瓦肆成為民間藝人演出的重要場所，上演著百戲雜藝，遊人看客絡繹不絕。南方城市中，松江勾欄規模很大，已成全封閉式。《南村輟耕錄》卷二十四「勾闌壓」條記載元代至元二十年（1362）松江的一次勾欄棚屋倒塌的事件：

> 至元壬寅夏，松江府前勾欄鄰居顧百一者，……勸入勾欄觀排戲，獨顧以宵夢匪貞，不敢出門。有女官奴習謳唱，每聞勾欄鼓鳴，則入。是日，入未幾，棚屋拉然有聲。眾驚散。既而無恙，復集焉。不移時，棚阽壓。顧走入抱其女，不謂女已出矣，遂斃於顛木

〔註3〕（元）陶宗儀撰，李夢生校點，南村輟耕錄〔M〕，上海：上海古籍出版社，2012：270。

之下，死者凡四十二人，內有一僧人二道士。〔註4〕

從陶宗儀所記之事中，可以看出松江勾欄的觀眾身份駁雜，以市民階級為主。死者凡四十二人，有勾欄鄰居顧某，以博銀為業的沈氏，還有僧人、道士，都是松江府市井中的各色人等。因此，觀看勾欄戲劇成為大眾性的享樂形式。

謎語屬於百戲之一，通過瓦舍藝人的傳播得到空前普及，創造出一種用猜謎鬥智的形式來取悅觀眾的雜技，謂之「商謎」。宋元之後，商謎作為猜謎語活動的代名詞。商謎藝人代表人物有元初松江的丘機山。《南村輟耕錄》卷二十八「丘機山」條云：

> 丘機山，松江人。宋季元初，以滑稽聞於時，商謎無出其右。邀遊湖海間，嘗至福州，譏其秀才不識字。眾怒，無以難之。一日，構思一對，欲令其辭屈心服。對云：「五行金木水火土。」丘隨口答曰：「四位公侯伯子男。」其博學敏捷類如此。〔註5〕

表演的雙方有問有答、鬥智鬥勇，內容通俗卻不失風趣，類似當今的對口相聲。在宋末元初周密的《武林舊事》卷六「諸色伎藝人」條中，丘機山被列入演史藝人行列，可見他在松江技藝上乘，頗具影響力。

元人尚飲，對於居住在松江之地的民眾，酒亦是其日常生活中的不可或缺之物。陶宗儀把松江飲酒為樂的雅俗以筆記文學的形式記錄下來，《南村輟耕錄》卷二十八「解語杯」條云：

> 至正庚子，秋七月九日，飲松江泗濱夏氏清樾堂上，酒半，折正開荷花，置小金卮於其中，命歌姬捧以行酒。客就姬取花，左手執枝。右手分開花瓣，以口就飲。其風致又過碧筒遠甚。余因名為解語杯。〔註6〕

這次宴席，用綻放的荷花託以金盞，謂「解語杯」。世人稱荷花為「解語花」，所以這裡便有了「解語杯」的雅名。文人儒士臨水設席，將酒杯放入荷花中，酒香染荷香，觥籌交錯間成了風雅的極致。解語花更是美人的代稱，美

〔註4〕（元）陶宗儀撰，李夢生校點，南村輟耕錄〔M〕，上海：上海古籍出版社，2012：262～263。

〔註5〕（元）陶宗儀撰，李夢生校點，南村輟耕錄〔M〕，上海：上海古籍出版社，2012：310。

〔註6〕（元）陶宗儀撰，李夢生校點，南村輟耕錄〔M〕，上海：上海古籍出版社，2012：316～317。

人持解語杯行酒,也就是美人杯了。這是松江文人雅士用以飲酒為樂的風俗。

(三)好奢

宋元以降,松江奢靡之習熾烈,志書多有記載。明代方岳貢修、明代陳繼儒纂《[崇禎]松江府志》卷七《風俗》云:「吾松正德辛巳以來日新月異,自儉入奢,即盛入衰之兆也。」〔註7〕元末時,唐俊卿為松江製銀巧匠,《南村輟耕錄》卷三十「銀工」條云:

> 銀工浙西銀工之精於手藝表表有聲者,屈指不多數也。朱碧山(嘉興魏塘)、謝君余(平江)、謝君和(同上)、唐俊卿(松江)。〔註8〕

此記載為我們瞭解製銀巧匠唐俊卿提供了難得的文獻。元代的金銀工藝的製做,大體流行在江南一帶。銀器工匠、作坊乃至銀樓的出現,影響和推動了松江民眾對銀器的需求。伴隨著工商業經濟的發展,銀器的使用逐漸商業化、庶民化。大到婚喪嫁娶,小到一日三餐,一般百姓至城中酒肆,多使用銀器。松江府民俗,婚禮必用花髻,富貴人家喜用金銀冠作為花髻。金銀器上「鑲玉嵌寶」,是當時最奢華的一種裝飾方式,在某種程度上說明了松江經濟的發達和社會生活的奢華。《南村輟耕錄》卷十一「墓屍如生」條記載:

> 松江蟠龍塘普門寺側,一無主古墓,至正己亥春,為其里之張雕盜發,有誌石,……,冠服鮮新,亦不朽腐,得金銀首飾器皿甚多。〔註9〕

從這則文獻看,銀質首飾、器皿在松江已經有一定程度的普及性。幾代人積累的富饒家財,不僅使墓主人在人世享盡奢華,工藝精美的金銀器物等還將他們生前的奢華帶往陰間。崇奢的風氣已經滲透到了喪葬習俗中,形成一股厚葬之風。

(四)尚祀

《南村輟耕錄》中大量存在著讖緯思想、因果報應等內容,這如實地反映出當時迷信重祀之風蔓延。如《南村輟耕錄》卷八「星入月」條云:

〔註7〕 (明)方岳貢修,(明)陳繼儒纂,〔崇禎〕松江府志〔M〕,明崇禎三年(1630)刻本:1。

〔註8〕 (元)陶宗儀撰,李夢生校點,南村輟耕錄〔M〕,上海:上海古籍出版社,2012:333。

〔註9〕 (元)陶宗儀撰,李夢生校點,南村輟耕錄〔M〕,上海:上海古籍出版社,2012:130。

據此說，則松江之禍，亦非偶然。松江自丙申二月十八日軍亂，
越三日，苗來克復。首尾兩月之間，焚殺擄掠，十里之城，悉化瓦
礫之區。視他郡尤可畏。是則星入月不知此時在於何所分野，顧乃
松江獨應其兆與？〔註10〕

這次流星現象，係松江孫元磷所言。民眾對星象尤為關注，認為星象的異
變昭示著禍福與善惡，並以此督促德行和作為。然而此種異象被視作異端，面
對早已烽煙四起的農民起義軍，此時松江正深受戰火荼毒，陶宗儀憂其不祥而
以凶兆名之，或也是心念國運所致。

元代方術、讖緯、巫術等迷信之風仍盛，以至於職業化、營利化。方士之
流，或定點設攤，或串街走巷，儼然成為市井百業中的一項專門職業，久著聲
稱。《南村輟耕錄》卷二十七「譏方士」條云：

丙子歲，松江亢旱，聞方士沈雷伯道術高妙，府官遣吏齋香幣過
嘉興迎請以來。驕傲之甚，以為雨可立致，結壇仙鶴觀，行月孛法，
下鐵簡於湖泖潭井，日取蛇燕焚之，了無應驗。羞赧，宵遁。〔註11〕

遇旱求雨，是民間的一個重要民俗事象。人們出於避災祈福的目的，只能
求助於神靈的保佑，因此在民間常有規模各異的祀神活動。常見的為方士運用
某種蘊含神秘崇拜的巫術儀式來祈雨。在松江祈雨儀式中，行月孛法，神物崇
拜在祈雨儀式中發揮核心作用。所呈神物有「蛇」「燕」，使得祈雨具有某種殺
生獻祭的意味，同時也表現出祈雨過程中的道教符籙特徵。

三、和璧隋珠：松江民俗輯錄的價值

陶宗儀重視民俗，將松江的民風民情記載在《南村輟耕錄》之中，我們可
以用這些從民間得來的寶貴資料，來審視元末松江甚至元末民間社會生活。陶
宗儀通過自己的學識和筆觸，向人們陳訴「立俗施事」和「隨俗而動」的價值
所在。

（一）以俗稽古

松江私人藏書，漸成風尚，可上推至宋元。元代名賢孫道明將各類藏書歸

〔註10〕 （元）陶宗儀撰，李夢生校點，南村輟耕錄〔M〕，上海：上海古籍出版社，
2012：97。

〔註11〕 （元）陶宗儀撰，李夢生校點，南村輟耕錄〔M〕，上海：上海古籍出版社，
2012：303。

納編類，並特意闢出「映雪齋」的書樓，以延接四方名士，以校閱藏書為樂。松江的莊肅為當時民間私藏名家中首屈一指者。莊肅，號蓼塘，時為松江青龍鎮人，於青龍鎮建藏書樓「萬卷軒」以貯書。《南村輟耕錄》卷二十七「莊蓼塘藏書」條云：

> 莊蓼塘，住松江府上海縣青龍鎮，嘗為宋秘書小史。其家蓄書數萬卷，且多手抄者。經史子集，山經地志，醫卜方伎，稗官小說，靡所不具。……。江南藏書多者止三家，莊其一也。繼命危學士素特來選取。其家慮恐兵遁圖讖干犯禁條，悉付祝融。迨及收拾爐餘，存者又無幾矣。〔註12〕

「江南藏書多者止三家，莊其一也」，足見其家藏書之富，資產之豐，以及在宋末元初藏書家中之名望。「悉付祝融」，不僅是書之可哀，亦是藏書者之可歎，一生心血，付之一炬。

元代以後，松江人口稠密，建築密度極高。這種家宅緊密相連的居住形式，形成了江南地區獨特的民居景觀。但是，由於居住環境特殊，房屋間隔小，建築又多以竹木為材料，極易引發火災。《南村輟耕錄》卷三十「書畫樓」記載元代至正十六年（1356）的一次火災：

> 至正丙戌閏十月廿九日夜，普照寺西業製帽民不謹於火，延燎五千餘家。重門邃館，靈宮梵宇，悉為爆爐。〔註13〕

祝融如此無情，「延燎五千餘家」，這表明元代松江民居尚無封火山牆之設。松江府城口密集，一處失火，往往殃及全城，損失慘重。用火不慎，是造成火災最普遍的原因。防火不力，更加劇了火災的破壞性和殘酷性。《南村輟耕錄》中就記載了松江、杭州等多次火災。

（二）立俗教化

陶宗儀充分認識到民俗對政治、經濟的重要性，所以他強調統治者必須變風易俗，順應社會，獲得良治之效。在《南村輟耕錄》中，他試圖採取揭露和教化的方式以強化社會風氣的目的。

《南村輟耕錄》卷三十「詩讖」條諷刺了松江那些虛有其表、無所作為的

〔註12〕 （元）陶宗儀撰，李夢生校點，南村輟耕錄〔M〕，上海：上海古籍出版社，2012：302。
〔註13〕 （元）陶宗儀撰，李夢生校點，南村輟耕錄〔M〕，上海：上海古籍出版社，2012：339。

貪官劣士：

> 「潮逢穀水難興浪，月到雲間便不明。」松江古有此語。古水、
> 雲間，皆松江別名也。近代來作官者，始則赫然有聲，終則壞茸貪
> 濫，始終廉潔者鮮。兩句竟成詩讖。〔註14〕

在這裡，陶宗儀清楚地看到了松江之地「始終廉潔者鮮」的風氣。正人先正己，養廉先養心。官吏的廉潔與否，是關係到民心安定、社會穩定的根本問題。陶宗儀諄諄規勸，為政之要在於廉潔，為官一任須造福一方，從仕者應長懷戒懼之心，方能行穩致遠。

除注重民俗與政治的關係外，陶宗儀還強調地域民俗與經濟密切相關。松江經濟繁榮使得民間財富激增，刺激了人們的消費欲望的同時也誘發了奢侈之風。《南村輟耕錄》卷三十「松江之變」條中，透露著陶宗儀對彼時松江社會紙醉金迷、窮奢極欲的嗟唏：

> 況松江尚侈靡習淫風者久矣，余嘗扼腕而歎，必有後日之患。

> 終為一賤倡禍及數萬家，非小變也。〔註15〕

陶宗儀結合松江「尚奢」的民俗來闡說當時奢靡之風對松江禍亂所起的反作用，這是很有思想見地的。明代范濂《雲間據目抄》卷二《紀風俗》載：「吾松素稱奢淫黠傲之俗，已無還淳挽樸之機。兼以嘉隆以來，豪門貴室，導奢導淫，博帶儒冠，長奸長傲，日有奇聞迭出，歲多新事百端。」〔註16〕侈靡是社會頑疾，它帶來的貪污腐化以及民間財富的浪費等弊病是影響社會穩定的重要原因。陶宗儀竭力提倡塑造一種秩序井然、民風淳良的風俗習氣，以穩定社會秩序。

元代松江富豪通過各種途徑侵佔土地，一家可有佃戶數萬家。地主向佃戶收租，甚至用「奪佃」作為威逼佃戶、提高租額、加重盤剝的手段。如《南村輟耕錄》卷二十三「檢田吏」條收錄袁介的《踏災行》：

> 官司八月受災狀，我恐徵糧吃官棒。相隨鄰里去告災，十石官
> 糧望全放。當年隔岸分吉凶，高田盡荒低田豐。縣官不見高田旱，
> 將謂亦與低田同。文字下鄉如火速，逼我將田都首伏。只因嗔我不

〔註14〕（元）陶宗儀撰，李夢生校點，南村輟耕錄〔M〕，上海：上海古籍出版社，
　　　　2012：339。

〔註15〕（元）陶宗儀撰，李夢生校點，南村輟耕錄〔M〕，上海：上海古籍出版社，
　　　　2012：338。

〔註16〕（明）范濂，雲間據目抄，上海：進步書局，民國年間：1。

肯首,卻把我田批作熟。〔註17〕

陶宗儀肯定袁介的《踏災行》的真實反映而收錄。此詩作深刻揭露了官府劣紳出租官田、職田,在嚴重的災荒時期對百姓敲骨吸髓的罪惡行徑。民眾處於受剝削和欺凌的境地,自然哀怨已久。民怨反映人心的向背,陶宗儀規勸統治者要樹立「眼光向下」的民俗觀,重視地域民俗與經濟之間的關係。

(三) 俗論結合

陶宗儀記事,常由俗而生論,又由論而析俗。這種俗論結合、夾敘夾議的方式來突顯人物個性或形象的描寫,增添了《南村輟耕錄》的民間講述色彩,也使眾多的民俗元素走進了文學記述的舞臺,展現出文論的魅力。

戲劇之學至元極盛。舉凡演唱諸宮調、唱曲、雜劇的優伶不勝枚舉,而《南村輟耕錄》卷十二「連枝秀」中對元代民間藝伶的事蹟也有所介紹:

> 京師教坊官妓連枝秀,姓孫氏,蓋以色事人者,年四十餘。因投禮逸士風高老為師,而主教者褒以空湛靜慧散人之號。狹二女童,放浪江海間。偶至松江,愛其風物秀麗,將結數椽,為棲息所。郡人陸宅之(居仁)嘗往訪焉,秀頗不以禮貌。〔註18〕

陶宗儀指出連枝秀乃教坊官妓,而非尋常角妓。這表明在曲唱繁盛的元代,民間藝妓的曲詞創作不僅在市井表演中頗受歡迎,還由勾欄酒肆逐漸拓展到整個上層文人圈。連枝秀由凡遁道後,主教者冠以『空湛靜慧散人』之號,足見她心誠欲遣邊。至松江,念其景色清幽、衣食才足、民風敦厚,便於此處潛心靜修。陸居仁來擾,她不予理睬,陸居仁便趁募捐之機,作疏文來譏諷她。這些客觀描述,為後面的主旨表達起到了很好的鋪墊作用:

> 疏文一出,遠邇傳誦,以資笑談。秀不可留,遂宵遁然。文雖新奇。固近於俳。視厚德君子有間矣。而其帷箔之不修者,豈偶然哉!〔註19〕

條末,陶宗儀將視角轉到了人文關懷方面。疏文多嘲謔輕侮之語,逼得連枝秀連夜逃遁,這顯示出當時民間藝人處境的無奈。陶宗儀充分發揮民俗

〔註17〕 (元)陶宗儀撰,李夢生校點,南村輟耕錄〔M〕,上海:上海古籍出版社,2012:254。

〔註18〕 (元)陶宗儀撰,李夢生校點,南村輟耕錄〔M〕,上海:上海古籍出版社,2012:137。

〔註19〕 (元)陶宗儀撰,李夢生校點,南村輟耕錄〔M〕,上海:上海古籍出版社,2012:138。

資料豐富的優勢，旁徵博引，在塑造普通民眾的人物個性和形象的同時，也提供了正史之外彌足珍貴的社會整體生活圖景。

四、結　語

《南村輟耕錄》一書，涉及天文、地理、醫藥、歷史、民俗、文學等眾多領域。《南村輟耕錄》輯錄了大量元末松江的民俗事象，從物質生活到精神領域，彰顯出松江重技、崇娛、好奢、尚祀的社會風俗特徵，審視元末松江豐富多彩的民間生活圖景。對《南村輟耕錄》中松江民俗文獻的梳理和研究，不僅可以更好地探究這部浩瀚史事筆記中松江民眾的「生活世界」，為民俗文獻整理者的研究提供寶貴的資料，也能對促進地域民俗變遷的歷史思考有所幫助。

史部時令類與子部農家類淵源流變考

劉全波、代金通

　　史部時令類典籍又被稱之為歲時類典籍，宋以後尤其是明清時期，諸圖書目錄中多稱之為時令類典籍。時令類典籍與子部農家類典籍之間的關係，是歷代學者皆十分關注的一個問題。宋人陳振孫《直齋書錄解題》卷 6《時令類》載：「前史時令之書，皆入子部農家類。今按諸書上自國家典禮，下及閭閻風俗，悉載之，不專農事也。故《中興館閣書目》別為一類，列之史部，是矣。今從之。」〔註1〕可見，陳振孫對一度附於農家類的時令類典籍有了新的認識，並且依據《中興館閣書目》之體例，在其編纂《直齋書錄解題》時將時令類典籍置於史部而非子部農家類之下了。當然，很多學者不同意陳振孫的意見，他們仍然將時令類附於農家類典籍之中。北宋所修《三朝國史藝文志》載：「歲時者，本於敬授平秩之義。殖物寶貨著譜錄者，亦佐助衣食之源，故咸見於此。」〔註2〕此處之「此」指的是子部農家類，即《三朝國史藝文志》將歲時類即時令類典籍仍然是收入了子部農家類之中。

　　明人焦竑也對這個問題進行了討論，他的意見是時令類典籍之內容並不全是關於農學的，故他也另立歲時類收納時令類典籍。其《國史經籍志》卷 3《時令類》載：「前史類入農家，顧諸籍鱗次，非專為農設。今特立『歲時』一條，從《中興館閣》例云。」〔註3〕總之，時令類與農家類典籍有著莫大的淵源，但

〔註 1〕陳振孫撰，徐小蠻、顧小美點校：《直齋書錄解題》卷 6《時令類》，上海古籍出版社，2015 年版，第 189 頁。

〔註 2〕趙士煒輯，陳錦春、馬常錄整理：《宋國史藝文志輯本》，王承略、劉心明主編：《二十五史藝文經籍志考補萃編》第 20 卷，清華大學出版社，2014 年版，第 498 頁。

〔註 3〕焦竑撰，陳錦春、許建立整理：《國史經籍志》卷 3《時令類》，王承略、劉心

是又有著巨大的不同，故歷代學者多對之進行討論，直至今日，我們仍然沒有得到完美的答案，因為部分時令類典籍中明顯有大量的農學內容，如果將時令類全部排除，對於農家類或有缺憾，如果將時令類典籍全部置於農家，又不免蕪雜。其實，前輩學者亦是糾結，故對於時令類與農家類典籍的討論從未中斷，概而言之，宋以前的時令類典籍多是依附於農家類的，宋以後出現分歧，官修目錄多沿襲傳統，繼續將時令類典籍附於農家，而私修目錄則不斷的為時令類鼓吹，為其尋求獨立之地位，明清時期諸私家書目更趨繁多，亦是諸說紛紜，直到《四庫全書》編纂之時，清儒最終還是將二者分置於史部與子部，涇渭分明矣，但是就算二者皆獨立門戶，二者之間的關係仍然是難以割斷的，千百年來，二類典籍之間的發展演變情況如何？還需要進行一番考察，因為這對於研究時令類、農家類典籍的發展史、演變史、學術史是至關重要的。

一、農家類典籍的產生及其宗旨

　　書目分類的兩個主要標準是圖書的內容與體裁，學術分類是圖書內容分類的基礎，《七略》之前，內容分類與體裁分類兩種分類方法已經出現。《尚書》的典、謨、誥、誓，《詩經》的風、雅、頌等均是按體裁進行分類的，而禮、樂、射、御、書、數、德行、言語、政事、文學等則是一種學術分類。春秋戰國之際，劇烈的社會變革引起學術的變化，諸子蓬起，百家爭鳴。《漢書·藝文志》諸子略序載：「王道既微，諸侯力政，時君世主，好惡殊方，是以九家之術，蜂出並作，各引一端，崇其所善，以此馳說，取合諸侯。」〔註4〕諸子百家自成系統，依據各家學說之宗旨進行學術分類的思想逐漸形成。《孟子·盡心篇》將各家學說劃分為儒、墨、楊三家，認為：「逃墨必歸於楊，逃楊必歸於儒。」〔註5〕莊子在其《莊子·天下篇》中分天下學術為七派，各舉其代表人物：鄒魯為一派；墨翟、禽滑釐為一派；彭蒙、田駢、慎到為一派；關尹、老耼為一派；莊周為一派；惠施為一派；桓團、公孫龍為一派，該篇還撮述其旨，評其得失，為諸子之學的分類打下了基礎。〔註6〕《荀子·非十二子》則

　　　　明主編：《二十五史藝文經籍志考補萃編》第 23 卷，清華大學出版社，2014年，第 158 頁。

〔註4〕《漢書》卷 30《藝文志第十》，中華書局，1962 年，第 1746 頁。

〔註5〕楊伯峻譯注：《孟子譯注》卷 14《盡心章句下》，中華書局，1960 年，第 335 頁。

〔註6〕陳鼓應注譯：《莊子今注今譯·雜篇·天下》，中華書局，1983 年，第 852～907頁。

認為它囂、魏牟為一派；陳仲、史鰌為一派；墨翟、宋銒為一派；慎到、田慎為一派；惠施、鄧析為一派；子思、孟柯為一派；仲尼、子弓為一派，共十二子。〔註7〕於《天論篇》則列慎子、老子、墨子、宋子，〔註8〕於《解蔽篇》列墨子、宋子、慎子、申子、惠子、莊子、孔子等，〔註9〕提出了「以類行雜，以一行萬」〔註10〕「同則同之，異則異之」〔註11〕等分類學思想，強調了分類是區別和認識事物的重要方法。

　　秦以前雖然已經有《孟子》《韓非子》〔註12〕定以儒、墨諸家之名，但是這個問題仍然不斷的被後世學者討論，漢初《淮南子・要略》也對諸子學派的學說進行過論述，〔註13〕然而直到西漢司馬談時，始區分諸子為六家，並暫定其名。《史記・太史公自序》中《六家要旨》言：「夫陰陽、儒、墨、名、法、道德，此務為治者也，直所從言之異路，有省不省耳。」〔註14〕較之莊、荀的分類，司馬談增設了「陰陽」家，並置於諸家首位。此後，西漢劉向、劉歆所編《七略》「諸子略」之分類在繼承前人的基礎上，又有所發展，該書分諸子為九家，較司馬談多出縱橫、雜、農三家。《七略》雖已亡佚，然而《七略》之節本《漢書・藝文志》卻得以隨同《漢書》流傳至今，其《諸子略》為我們考察先秦學術面貌提供了重要的文獻依據。據《漢書・藝文志》，《七略・諸子略》分為十類，即儒、道、陰陽、法、名、墨、縱橫、雜、農、小說。《漢書・藝文志》載：「諸子十家，其可觀者九家而已。」〔註15〕其中小說家由於是「街談巷語，道聽途說者之所造也」，被孔子視為「小道」「君子不為也」〔註16〕，小說家不能稱為一家之言，故而其地位不能與其他九家相比，故而有「九流十家」之說。自此，在中國歷朝歷代的官私目錄中，農家類或農類成

〔註7〕　高長山譯注：《荀子譯注》卷3《非十二子篇第六》，黑龍江人民出版社，2003年版，第80～81頁。

〔註8〕　高長山譯注：《荀子譯注》卷11《天論篇第十七》，第332頁。

〔註9〕　高長山譯注：《荀子譯注》卷15《解蔽篇第二十一》，第412頁。

〔註10〕　高長山譯注：《荀子譯注》卷5《王制》，第152頁。

〔註11〕　高長山譯注：《荀子譯注》卷16《正名篇第二十二》，第436頁。

〔註12〕　韓非著，秦惠彬校點：《韓非子》卷19《顯學第五十》，遼寧教育出版社，1997年版，第183～187頁。

〔註13〕　何寧撰：《淮南子校釋》卷21《要略》，中華書局，1998年版，第1437～1463頁。

〔註14〕　《史記》卷130《太史公自序第七十》，中華書局，1959年版，第3290頁。

〔註15〕　《漢書》卷30《藝文志第十》，第1746頁。

〔註16〕　《漢書》卷30《藝文志第十》，第1745頁。

為其中必不可少的類目之一，農家作為諸子之一家亦被後世學者所接受，而農家諸子之著作，或者是後人託名前世農家諸子所出之著作，就成為農家類典籍的核心。

由《漢書·藝文志》子部各類目之後的小序來看，《七略·諸子略》之類目可謂設置合理，來源明確，這亦使得先秦時期的典籍各有其合理的歸屬。如陰陽類著錄典籍二十一家，三百六十九篇，類目小序闡述其著錄原則為：「陰陽家者流，蓋出於羲和之官，敬順昊天，曆象日月星辰，敬授民時，此其所長也。及拘者為之，則牽於禁忌，泥於小數，捨人事而任鬼神。」〔註17〕通過這段話可以看出，陰陽家「出於羲和之官」，以「敬順昊天，曆象日月星辰，敬授民時」為業。再如農家類小序稱：「農家者流，蓋出於農稷之官。播百穀，勸耕麻，以足衣食。故八政一曰食，二曰貨。孔子曰『所重民食』，此其所長也。及鄙者為之，以為無所事聖王，欲使君臣並耕，悖上下之序。」〔註18〕這段話言簡意賅地說明了農家產生的源頭，即「蓋出於農稷之官」，而「播五穀，勸桑麻，以足衣食」則是其本業，此外，農家類立類之初，就是以「貴農重粟」為宗旨。《隋書·經籍志》子部農類繼承了《七略·諸子略》農類與《漢書·藝文志》子部農家的分類原則，然而在此後的官私書目中，農家類目著錄的典籍越來越多，漸漸偏離其類目設置之「貴農重粟」的原旨，除時令類外，泉書類、園藝類、動物養殖類、器物類、飲饌類等典籍先後附入其中，造成了「農家條目，至為蕪雜。諸家著錄，大抵輾轉旁遷〔註19〕」的狀況，而隨著時令類的發展，時令類與農家類之間的差距越來越大，遂引起諸多學者對於時令類與農家類關係的討論。

二、時令類典籍的獨立及其淵源

目前所知的北宋之前的圖書目錄均未設立時令類目，關於時令類目的設立時間，前人已有相關探討。陳振孫認為始於《中興館閣書目》〔註20〕，《宋中興國史藝文志》、李致忠《三目類敘釋評》等從其說。〔註21〕姚名達則認為

〔註17〕《漢書》卷30《藝文志第十》，第1734～1735頁。
〔註18〕《漢書》卷30《藝文志第十》，第1743頁。
〔註19〕永瑢等：《四庫全書總目》卷102《子部十二農家類》，中華書局，1965年版，第852頁。
〔註20〕陳振孫撰，徐小蠻、顧小美點校：《直齋書錄解題》卷6《時令類》，第190頁。
〔註21〕馬端臨：《文獻通考》卷201《經籍二十八·史》，中華書局，1986年版，第1680

歲時與時令同為一類，「『歲時』始於《崇文總目》」〔註22〕，張子俠、張永瑾、何發延、徐有富等皆因襲其說。〔註23〕兩種觀點在目錄學界皆有影響，但是兩說皆值得商榷，其實，在史部設立時令類的做法較早見於《龍圖閣書目》，其史傳閣下之「歲時類」即為「時令類」之權輿。

《宋史·藝文志》載：「杜鎬《龍圖閣書目》七卷。」〔註24〕其書雖已亡佚，但是在《玉海》《續資治通鑒長編》等書中都有記述，其基本分類情況仍可考知。龍圖閣為北宋中央政府四處藏書機構之一，高似孫《緯略》有言：「我祖宗時，內則太清樓藏書、龍圖閣藏書、玉宸殿藏書，外則三館、秘閣，凡四處藏書。」〔註25〕據《續資治通鑒長編》咸平二年（999）閏三月庚寅條下有：「詔三館寫四部書二本來上，一置禁中之龍圖閣，一置後苑之太清樓，以備觀覽。」〔註26〕可知龍圖閣建閣當不晚於咸平二年三月。龍圖閣建閣目的是「以奉太宗御集」〔註27〕，但「龍圖閣藏書的最大來源，應當是真宗時期的大規模寫書和校書」〔註28〕。前引《續資治通鑒長編》咸平二年閏三月庚寅條所記的正是當時大規模抄寫四部書以充實龍圖閣一事。〔註29〕而為了更好的完成這一工作，宋真宗還安排了大量的官員從事這一工作。程俱《麟臺故事》咸平二年亦有：「閏三月，令三館寫四部書二本，一置禁中之龍圖閣，一置後苑之太清樓，以便觀覽。以館閣官少，令吏部流內栓選幕職州縣官有文學者赴館閣校勘群書，乃擇取館陶尉劉筠、宛丘尉慎

頁；李致忠：《三目類敘釋評》，北京圖書館出版社，2002年版，第306頁。

〔註22〕 姚名達：《中國目錄學史》，商務印書館2014年版，第82頁。

〔註23〕 張子俠、張永瑾：《史部類目源流商榷》，《文獻》1999年第3期，第184～190頁；何發延：《史部目錄的變與不變——從〈隋書·經籍志〉到〈四庫全書總目〉》，《延安大學學報（社會科學版）》2009年第1期，第105～107頁；徐有富：《目錄學與學術史》，中華書局，2009年版，第184頁。

〔註24〕 《宋史》卷204《藝文三》，中華書局，1977年版，第5146頁。

〔註25〕 高似孫撰，左洪濤校注：《高似孫〈緯略〉校注》卷7《三本書》，浙江大學出版社，2012年版，第134頁。

〔註26〕 李燾撰：《續資治通鑒長編》卷44《真宗咸平二年》，中華書局，1995年版，第935頁。

〔註27〕 高承撰，〔明〕李國訂，金圓、許沛藻點校：《事物紀原》卷6《京邑館閣部》，中華書局，1989年版，第329頁。

〔註28〕 趙庶洋：《宋景德二年〈龍圖閣書目〉考》，《國家圖書館學刊》2014年第3期，第106頁。

〔註29〕 李燾撰：《續資治通鑒長編》卷44《真宗咸平二年》，中華書局，1995年版，第935頁。

鏞、郾鄉尉沈京、安豐令張正符、上蔡尉張遵、固始尉聶震、桐城主簿王昱等入館校勘。正符未卒業而死。景德初，寫校畢，進內。」〔註30〕經過校勘，龍圖閣藏書「屢經讎校，最為精詳」〔註31〕。

在擴大藏書量的同時，編目的工作也在進行。《玉海》載：「（咸平）五年十月己卯，召近臣觀書於龍圖閣。於閣之四壁設五經圖，閣上藏太宗書帖三千七百五十卷。上執目錄示近臣，曰：『先帝留意詞翰，朕孜孜綴緝，片幅寸紙不敢失墜。至於題記時事及書在屏扇，或微損者，悉加裝背。又幸崇和殿後閣，悉藏本朝名臣集；次御資政殿，壁有唐楊相如《政要論》。」〔註32〕這裡真宗皇帝所執目錄，當為《咸平龍圖閣太宗御書目錄》，該目所著錄的當為太宗所遺留下的御集，而非《宋史·藝文志》所載之七卷本《龍圖閣書目》。對於七卷本《龍圖閣書目》的完成時間，王重民先生在《中國目錄學史論叢》中指出為「公元1007～1008年」〔註33〕，即真宗景德四年至大中祥符元年，先生並未言明斷為此間的理據。而趙庶洋則認為《龍圖閣書目》的編纂始於景德元年（1004）十月真宗以杜鎬、戚綸為龍圖閣待制一事，歷時六月，至景德二年（1005）四月完成。〔註34〕此前龍圖閣藏書已編太宗御集之目錄，而四部藏書也經過精校入藏，當已有分類，故而《龍圖閣書目》成書較快。

《玉海》卷二十七記載了景德二年真宗幸龍圖閣閱書一事，此條詳細記載了各閣所藏書之卷數與閣藏書籍的分類。

景德二年四月戊戌，幸龍閣，閱太宗御書，觀諸閣書畫。閣藏太宗御製御書並文集總五千一百十五卷、軸、冊。下列六閣，經典總三千三百四十一卷（目錄三十卷，正經、經解、訓詁、小學、儀注、樂書），史傳總七千二百五十八卷（目錄四百四十二卷，正史、編年、雜史、史抄、故事、職官、傳記、歲時、刑法、譜牒、地理、偽史），子書總八千四百八十九卷（儒家、道書、釋書、子書、類書、小說、算術、醫書），文集總七千一百八卷（別集、總集），天文總二千五百六十一卷（兵書、曆書、天文、占書、六壬、遁甲、

〔註30〕 程俱撰，張富祥校證：《麟臺故事校證》卷2中《書籍》，中華書局，2000年版，第259頁。

〔註31〕 王應麟撰，武秀成、趙庶洋校證：《玉海藝文校證》卷18《祥符龍圖閣四部書景德六閣圖書》，鳳凰出版社，2013年版，第872頁。

〔註32〕 王應麟：《玉海》卷27《帝學·觀御製御書》，江蘇古籍出版社，1987年版，第536頁。

〔註33〕 王重民：《中國目錄學史論叢》，中華書局，1984年版，第102頁。

〔註34〕 趙庶洋：《宋景德二年〈龍圖閣書目〉考》，第107頁。

太一、氣神、相書、卜筮、地理、二宅、三命、選日、雜錄），圖畫總七百一軸卷冊（古畫上中品、新畫上品），又古賢墨蹟總二百六十六卷。〔註35〕

可見，《龍圖閣書目》採用了獨特的分類法，並且，在史傳閣下開創性地設立了「歲時」一類，多有創新之處。白金《北宋目錄學研究》言：「這些革新建立在唐宋社會學術思想急劇轉型的基礎上，對後世目錄學產生了較大深遠影響，通常我們以為由《崇文總目》開創的一些類例模式，實際上都是由此目所創立。從這個角度上說，《龍圖閣書目》標誌著宋代目錄學的開始。」〔註36〕《崇文總目》成書於景祐元年（1034），可見時令類當較早的設置於《龍圖閣書目》。此外，《崇文總目》雖採用四部分類法，但是參考了《龍圖閣書目》的分類法。

《龍圖閣書目》史傳閣	正史	編年	雜史	史抄	故事	職官	傳記	歲時	刑法	譜牒	地理	偽史	
《崇文總目》史部	正史	編年	實錄	雜史	偽史	職官	儀注	刑法	地理	氏族	歲時	傳記	目錄

歐陽修曾參與《崇文總目》的編修，其「歲時類敘釋」載：

> 原敘詩曰：民生在勤，勤則不匱。故堯舜南面而治，考星之中，以授人時，秋成春作，教民無失。周禮六官，亦因天地四時分其典職，然則天時者，聖人之所重也，自夏有小正，周公始作時訓、日星、氣節、七十二候，凡國家之政，生民之業，皆取則焉。孔子曰：「吾不如老圃，至於山翁野夫，耕桑樹藝，四時之說，其可遺哉。」〔註37〕

在這段敘釋中，歐陽修回顧了自堯舜以來至孔子的上古歲時論述，認為歲時類書籍當起源於堯舜之時，然而歐陽修並未言明歲時類書籍在孔子之後到宋之前這段時間裏的發展情況，也並未說明設立歲時類的原因。歲時類、時令類其實與月令類典籍還是有些淵源的，大部分時候甚至是等同的，月令類典籍轉變為歲時類、時令類典籍之時，他們的內涵與外延皆得以擴大，上古之時的月令以及《夏小正》，是古人認識時間、安排生產的指南，而這樣的

〔註35〕王應麟撰，武秀成、趙庶洋校證：《玉海藝文校證》卷18《祥符龍圖閣四部書景德六閣圖書》，第872頁。

〔註36〕白金：《北宋〈龍圖閣書目〉對分類法的革新及影響》，《中國文化研究》2013年第4期，第161～169頁。

〔註37〕王堯臣等撰，錢東垣等輯釋，錢侗撰附錄：《崇文總目》卷2《歲時類》，《叢書集成初編》第22冊，商務印書館1937年版，第104頁。

月令隨著時間的推移，尤其是古人知識的積累，就慢慢變成了內容豐富甚至是無所不包的歲時類、時令類典籍，但是歲時類、時令類典籍由於與農業生產關係密切，就漸漸被置於農家類典籍之中，但是隨著歲時類、時令類典籍的發展，歲時類、時令類典籍漸漸有了獨立的自我意識，終於在北宋時期，也就是《龍圖閣書目》編纂之時，得以脫離農家類而獨立門戶。

歲時類、時令類典籍何以在《龍圖閣書目》中脫離農家而獨立門戶？喬好勤認為：「這是與中國古代農本思想、與北宋早期重視發展農業生產的政策一致的。」〔註38〕張圍東從其說。〔註39〕李致忠、徐有富認為這是宋代目錄學家「注意到時令類文獻的史學價值」〔註40〕。李致忠《三目類序釋評》言：「這些書之內容上自國家典制，下至民間風俗，不專限於農事，隸於農家，實有不妥。故自《中興館閣書目》便一改前轍，於史部別立『時令類』，以突現時令之書的豐富內容。」〔註41〕

三、時令類典籍與農家類典籍之層次分合

遵從《漢書·藝文志》子部農家類序的原則，《漢書》農家類下著錄典籍共九部一百一十四篇，包括《神農》二十篇，《野老》十七篇，《宰氏》十七篇，《董安國》十六篇，《尹都尉》十四篇，《趙氏》五篇，《氾勝之》十八篇，《王氏》六篇，《蔡癸》一篇。〔註42〕縱觀這些典籍，雖然其時代多在戰國秦漢間，但是其主旨都是總結農業生產經驗，介紹農作物種植方面的典籍。《漢書》所載農家類著作中，看不出哪部著作類似於後來的時令類典籍，諸書都是純粹的農書，可見此時的時令類典籍不多，並且沒有被《漢書》收入農家類典籍之中。

《隋書·經籍志》採用經史子集四部分類法，農類依然歸於子部之下。《隋書·經籍志》子部農類序載：「農者，所以播五穀，藝桑麻，以供衣食者也。《書》敘八政，其一曰食，二曰貨。孔子曰：『所重民食。』《周官》冢宰『以九職任萬民』，其一曰『三農生九穀』；地官司稼『掌巡邦野之稼，而種穋之種，周知其名與其所宜地，以為法而懸於邑間』。是也。鄙者為之，則棄

〔註38〕喬好勤：《中國目錄學史》，武漢大學出版社，1992年版，第186頁。
〔註39〕張圍東：《宋代〈崇文總目〉之研究》，花木蘭文化工作坊2005年版，第99頁。
〔註40〕徐有富：《目錄學與學術史》，第184頁。
〔註41〕李致忠：《三目類序釋評》，第306～307頁。
〔註42〕《漢書》卷30《藝文志第十》，第1742～1744頁。

君臣之義，徇耕稼之利，而亂上下之序。」〔註43〕顯然，《隋書·經籍志》子部農類的分類思想、著錄原則均依從《漢書·藝文志》。在此原則之下，該志農家類著錄了以下幾部典籍：《氾勝之書》二卷，《四民月令》一卷，《齊民要術》十卷，《禁苑實錄》一卷，《春秋濟世六常擬議》五卷。〔註44〕而在《春秋濟世六常擬議》一書的小注中，還介紹了其他幾類已經亡佚的農書著作。「梁有《陶朱公養魚法》，《卜式養羊法》，《養豬法》，《月政畜牧栽種法》，各一卷，亡。」〔註45〕縱觀《隋書》所載之農家類典籍，很顯然可以發現與《漢書》之不同，就是具有時令類特點的典籍已經進入農家類之中，最為典型的是《四民月令》，此書是農書無疑，但是此書很顯然還是具備時令類典籍的特點，可以說是時令類典籍與農家類典籍的完美結合物。而《月政畜牧栽種法》一書亦是如此，此書已經亡佚，但是通過其題名，我們仍然可以知道他無疑也是時令類典籍與農家類典籍的完美結合物。可見此時期，大量按照月令模式編纂的農書開始出現，他們無疑是農書，無疑也是時令類典籍，此時期二類典籍之融洽的結合，還沒有讓人感覺到他們彼此之間的不同。總之，從《漢書》至《隋書》，諸學者對於農家類典籍的界定還是比較嚴格的，南北朝時期產生了大量的各類典籍，如後來被置於農家的《荊楚歲時記》《玉燭寶典》《四時錄》等，但是由於編纂《隋書》的諸學者對農學類典籍宗旨與涵義的固守，這些典籍都沒有被收入農家類，而置於其他相類似的目錄中，《玉燭寶典》《四時錄》即被置於子部雜家類。

雖然時令與農家類典籍在部分典籍中實現了完美的結合，但是時令類典籍並沒有完全的喪失獨立性，時令類典籍還是有其自身的特色的，《隋書》中又有《月令章句》被置於經部，《月令七十二候》被置於子部，由此可見，時令類典籍的前身月令類典籍，從一開始就是具有二屬性，或者是說，他們被人為的置於各種相類似的類目中。《隋書》卷三十二《經籍一》載：「《月令章句》十二卷。漢左中郎將蔡邕撰。」〔註46〕「融又定《月令》一篇。」〔註47〕其實，月令類典籍發展的結果就是出現了時令類、歲時類典籍，而月令與農書的結合就是其中極其重要的一個發展方向。

〔註43〕《隋書》卷34《經籍志》，中華書局，1973年版，第1010～1011頁。
〔註44〕《隋書》卷34《經籍志》，第1010～1011頁。
〔註45〕《隋書》卷34《經籍志》，第1010～1011頁。
〔註46〕《隋書》卷32《經籍一》，第922頁。
〔註47〕《隋書》卷32《經籍一》，第925頁。

　　《舊唐書‧經籍志》子部農家類共收錄典籍十七部一百八十七卷，所著錄之書，除屬於農學與農作物方面的《氾勝之書》《四民月令》《齊民要術》《禁苑實錄》《種植法》《兆人本業》外，還著錄了屬於動物養殖方面的《相鶴經》《鷙擊錄》《鷹經》《蠶經》《相馬經》《相牛經》《相貝經》《養魚經》，《隋書‧經籍志》著錄於史部譜系類的《竹譜》《錢譜》也附見於此。〔註48〕殆至五代，經過隋唐時代的發展，農家類典籍大量增多，但是《舊唐書》的編纂者，還是較好的固守了《漢書》《隋書》對農家類典籍收錄的原則與宗旨，故此時的農家類相對還是比較純粹，上文提及的《荊楚歲時記》《玉燭寶典》《四時錄》諸書還是被置於子部雜家之中。

　　相對於《漢書》《隋書》《舊唐書》，《新唐書‧藝文志》子部農家類的著錄有了較大的變化，該目除收錄《舊唐書》農家類所著錄的典籍外，在園藝方面收錄《園庭草木疏》，時令類典籍則收錄了《荊楚歲時記》《玉燭寶典》《四時錄》《孫氏千金月令》《金谷園記》《四時記》《乘輿月令》《月令圖》《秦中歲時記》《保生月錄》《四時纂要》《歲華紀麗》等。〔註49〕也就是說，北宋時期的學者不再固守《漢書》《隋書》《舊唐書》所堅持的農家類典籍收錄原則，他們將大量的時令類典籍收入農家類，他們認為諸時令類典籍已經成為農家典籍之一部分，且此時令類典籍已經不是個體，已經形成了一個有自己特色的小團體，也就是說，此時此刻，多部時令類典籍同時被歸入到農家類。

　　其實，《新唐書》編纂之時，時令類與農家類之間還是有著某種較為融洽的關係的，或者稱之為二者的蜜月期，時令類典籍作為一個團體大量進入農家類的結果是導致大農家類的出現，大農家類在當時並沒有讓人感覺到特別的異樣，或許《新唐書》的編纂人員還會將此事作為自己的創新，因為他們從雜家等類目之中，把具有共性的時令類典籍全部抽取出來置於與其有莫大淵源的農家之下，本身就是一個非常有意義、有價值的嘗試，並且從此之後，農家類收錄時令類典籍也成為一個傳統，被後世學者所繼承。自此以後，時令類典籍成為農家類極其重要的一個分支，由此可見另外一個問題，就是殆至北宋時期，時令類典籍的大發展引起了學者們的注意，或者是早已引起注意，到此時變得更加棘手與迫切，即如何認知這個時令類典籍，或者如何處理時令類在圖書目錄中的定位問題，而爭論或者討論的結果是，將時令類典

〔註48〕《舊唐書》卷47《經籍志》，中華書局，1975年版，第2035頁。
〔註49〕《新唐書》卷59《藝文志》，中華書局，1975年版，第1537～1539頁。

籍匯總後置於農家類之中，於是就有了《新唐書》大農家類的出現。當然爭論或者討論的另外一個結果，就是肯定會有人有不同意見，反對將時令類典籍置於農家類，況且時令類典籍的源頭月令類典籍是出於史官之手的，於是時令類在好不容易進入農家類之後不久，又開始有人提議將之獨立，當然這種觀點首先是在私家目錄中發聲。

宋代晁公武所著《郡齋讀書志》中子部農家類著錄了農學方面的《齊民要術》，茶藝方面的《茶經》《顧渚山記》《煎茶水記》《茶譜》《建安茶錄》《北苑拾遺》《補茶經》《試茶錄》《東溪試茶錄》《呂惠卿建安茶記》《聖宋茶論》《茶雜文》等典籍，花草園藝飲饌方面則著錄了《竹譜》《筍譜》《平泉草木記》《荔枝譜》《荔枝故事》《牡丹譜》《續酒譜》《忘懷錄》《酒經》等典籍。〔註50〕可見《郡齋讀書志》還沒有將時令類典籍納入農家類典籍之中。尤袤所整理的私人藏書目錄《遂初堂書目》子部農家類亦著錄多種典籍，如農學方面的《齊民要術》《范如圭田書》《林勳本政書》《曾安上禾譜》《農器譜》，飲饌方面的《山居忘懷錄》，著錄更多的當屬時令類典籍，著錄了《夏小正》《唐月令》《唐注月令》《四時纂要》《千金月令》《韋氏月錄》《荊楚歲時記》《李邕金谷園記》《玉燭寶典》《歲時廣記》《錦帶書》《輦下歲時記》，共計十二部之多。〔註51〕可見，《遂初堂書目》已經採納了將時令類典籍納入農家類的建議與方法。

自從時令類典籍進入農家類之後，農家類之著錄逐漸「蕪雜」，陳振孫著《直齋書錄解題》對前代書目中農家類的著錄狀況提出了批評。《直齋書錄解題》子部農家類序中載：「農家者流，蓋本於農稷之官，勤耕桑以足衣食。神農之言，許行學之，漢世野老之書，不傳於後，而《唐志》著錄，雜以歲時月令及相牛馬諸書。是猶薄有關於農者，至於錢譜、相貝、鷹鶴之屬，與農何預焉？今既各從其類，而花果栽植之事，猶以農圃一體，附見於此，其實則浮末之病本者也。」〔註52〕很顯然，《新唐書》將時令類置於農家類之後不久，就有人提出了異議，《直齋書錄解題》中裁去了與農無預的「錢譜、相貝、鷹鶴之屬」「歲時月令及相牛馬諸書」，並且《直齋書錄解題》採納了《中興館閣書

〔註50〕晁公武撰，孫猛校證：《郡齋讀書志校證》卷12《農家類》，上海古籍出版社，2011年版，第527～542頁。

〔註51〕尤袤撰：《遂初堂書目·農家類》，《叢書集成初編》第32冊，商務印書館1939年版，第20頁。

〔註52〕陳振孫撰，徐小蠻、顧小美點校：《直齋書錄解題》卷10《農家類》，第294頁。

目》的做法，即將時令類單獨立類，置於史部之中。《直齋書錄解題》時令類著錄了《夏小正傳》四卷，《荊楚歲時記》六卷，《錦帶》一卷，《玉燭寶典》十二卷，《金谷園記》一卷，《秦中歲時記》一卷，《咸鎬故事》一卷，《千金月令》三卷，《韋氏月錄》一卷，《歲華紀麗》七卷，《國朝時令集解》十二卷，《歲時雜記》二卷，共計十二部典籍五十一卷。〔註53〕馬端臨著《文獻通考·經籍考》為輯錄體目錄，也在史部設置了時令類，雖然沒有提出自己對於時令類的看法，但是設置獨立於農家類之外的類目本身即是對此類文獻具有獨特價值的肯定。除《直齋書錄解題》所著錄的十二部典籍外，又著錄了《輦下歲時記》《歲時雜詠》《續歲時雜詠》三部典籍。〔註54〕

　　元代所修《宋史·藝文志》著錄典籍的數量與種類比之前代大大增加，子部農家類著錄典籍計107部，其類型則包括農學與作物之書、泉書、園藝之書、動物養殖之書、器物之書、飲饌之書、時令之書。〔註55〕縱觀《宋史》所載之農家類典籍，可見《宋史》農家類的編纂人員肯定是繼承了《新唐書》將時令類附入農家類的原則與宗旨，但是此時的大農家類典籍已經是蔚為大觀，而各種典籍匯聚農家類之後，很容易被人指責為「蕪雜」。

農　　學	《南方草木狀》《齊民要術》《兆人本業》《農子》《山居要術》《農書》《在居雜要》《農家切要》《田夫書》《大農孝經》《勸農奏議》等
時　　令	《月令章句》《玉燭寶典》《刪定禮記月令》《注解月令》《歲華紀麗》《月錄》《秦中歲時記》《歲時廣記》《國朝時令集解》《歲時雜詠》《歲中記》《十二月纂要》《四時錄》《許狀元節序故事》《授時要錄》《齊人月令》《荊楚歲時記》《輦下歲時記》等
動物養殖	《醫牛經》《養蠶經》《蠶書》《養魚經》《牛書》《山居種蒔要術》《牛皇經》《辨五音牛欄法》等

〔註53〕陳振孫撰，徐小蠻、顧小美點校：《直齋書錄解題》卷6《時令類》，第189～192頁。

〔註54〕馬端臨撰：《文獻通考》卷206《經籍考三十三》，第1706～1708頁。

〔註55〕該志中《夏小正戴氏傳》、蔡邕《月令章句》、杜臺卿《玉燭寶典》、唐玄宗《刪定禮記月令》、李林甫《注解月令》、韓鄂《歲華紀麗》、韋行規《月錄》、李綽《秦中歲時記》、李邕《金谷園記》、徐鍇《歲時廣記》、賈昌朝《國朝時令集解》、宋綬《歲時雜詠》、劉安靖《時鏡新書》、孫岊《備閱注時令》、《歲中記》、《十二月纂要》、《保生月錄》、《四時錄》、孫思邈《齊人月令》、宗懍《荊楚歲時記》、李綽《輦下歲時記》、劉靖《時鑒雜書》、岑賁《月壁》、孫翰《月鑒》、韓鄂《四時纂要》等二十五部均為時令書，參見《宋史》卷205《藝文志》，第173～177頁。

園　藝	《茶經》《茶記》《採茶錄》《茶苑雜錄》《茶譜》《菊譜》《荔枝故事》《筍譜》《花品記》《北苑茶錄》《天香傳》《牡丹譜》《香譜》《芍藥譜》《壑源茶錄》《竹譜》等
飲　饌	《酒經》《酒譜》《食禁經》《煎茶水記》等
器　物	《農器譜》《治地旁通》《水利編》《耕織圖》《經界弓量法》等
泉　書	《錢譜》《錢錄》《古今泉貨圖》等

　　反映明代農家類書目編纂情況的典籍很多，我們不一一解釋，只就黃虞稷所撰《千頃堂書目》討論一二，該目所著錄典籍以明代為主，兼宋、遼、金、元四朝典籍。該目子部農家類著錄典籍五十六部三百零八卷，雖然已於史部設置時令類，但農家類仍著錄有顧清《田家月令》，陳鳴鶴《田家月令》，戴羲《養余月令》，吳嘉言《四季須知》等屬於時令之書。〔註56〕可見，雖然不時有人稱農家類「蕪雜」，不時有人要將時令類等典籍驅除農家類，但是仍然有很多的典籍是農家類所無法驅除的，這就展現了時令類與農家類之間的深厚淵源。而明清時代，私家目錄紛紜而出，爭論更是此起彼伏，這些爭論最終導致的結果是，第一引起了學者們的注意，第二就是導致了時令類與農家類的多次分合。

　　《四庫全書總目》吸取總結了自漢代以來歷代目錄分類的經驗，建立了較為完善的分類體系，具體到時令類與農家類，《四庫全書總目》採取的措施是，將二者分開皆單獨立類。《四庫全書總目》卷102《子部·農家類》載：

　　　　農家條目，至為蕪雜。諸家著錄，大抵輾轉旁牽，因耕而及《相牛經》，因《相牛經》及《相馬經》《相鶴經》《鷹經》，《蟹錄》至於《相貝經》，而《香譜》《錢譜》相隨入矣……今逐類汰除，惟存本業，用以見重農貴粟，其道至大，其義至深，庶幾不失《豳風》無逸之初旨。茶事一類，與農家稍近，然龍團鳳餅之製，銀匙玉碗之華，終非耕織者所事，今亦別入譜錄類，明不以末先本也。〔註57〕

《四庫全書總目》卷67《史部·時令類》載：

　　　　《堯典》首授時，舜初受命，亦先齊七政。後世推步測算，重為專門，已別著錄。其本天道之宜以立人事之節者，則有時令諸書。孔子考獻徵文，以《小正》為尚存夏道。然則先王之政，茲其大綱歟？

〔註56〕黃虞稷：《千頃堂書目》卷12《農家類》，第331～332頁。
〔註57〕永瑢等：《四庫全書總目》卷102《子部·農家類》，第852頁。

後世承流，遞有撰述，大抵農家日用、閭閻風俗為多，與《禮經》所
載小異。然民事即王政也，淺識者岐視之耳。至於選詞章，隸故實，
誇多鬥靡，浸失厥初，則踵事增華，其來有漸，不獨時令一家為然。
汰除鄙倍，採摘典要，亦未始非《豳風》《月令》之遺矣。〔註58〕

可見，《四庫全書》的編纂者，早已經注意到了時令類與農家類之間的淵
源與流變，故他們在認真分析之後，將時令類與農家類分開，時令類置於史
部，農家類置於子部。至此，對於時令類與農家類分合的爭論，暫時告一段
落，但是二者之間的淵源卻是難以割捨的，二者曾經共處同一類目的歷史也
是不容置疑的，當然，這也反映了時令類與農家類典籍千百年來的發展史、
演變史、學術史。

四、結　語

縱觀史部時令類與子部農家類典籍的發展史、演變史，二者之間之所以
出現屢次分合之現象，首先當與四部分類法的分類特點有關。在四部分類法
中，經部收十三經等儒家經典，史部收各類歷史書籍，集部收詩文集，大體
符合經、史、集之名稱，相對來說，三部所著錄典籍的內容是比較單純的，
可以做到名實相副。而子部所著錄典籍的內容則複雜得多，諸子、兵書、釋、
道、數術、方技、藝術、譜錄等類，「古無其目而今增，古各為類而今合者」
〔註59〕，但凡「無類可歸」之書，入經、史、集三部都不合者，便可歸入子
部。唐宋之後，經濟的繁榮促進了文化事業的發展，尤其是雕版印刷術發明
後，典籍的數量與種類大幅度增多，傳統的目錄分類法難以反映典籍與學術
的變化，致使出現了諸多典籍無目可歸附於它目的狀況，在這種情況下諸多
典籍因無可歸之目而進入了農家類中，造成了農家類目輾轉旁遷、蕪雜錯亂
的狀況，時令類也是出於這種無目可歸的原因被歸入了子部農家類。

其次，中國傳統農業講究精耕細作，在有限的土地上追求最大的作物產
出，為了達到這個目的，需要準確契合作物的生長週期，要求勞動者做到不誤
農時，切實掌握時間節令的變化。而土地佔有者也會抓緊一切時機精打細算，
開展多種經營、力求獲得更多的收益，需要進行較為周到可行的全年生產規劃
和逐月安排生產，「以時繫事」的「月令」文獻恰適應了這種需求。王毓瑚先

〔註58〕永瑢等：《四庫全書總目》卷 67《史部·時令類》，第 592 頁。
〔註59〕永瑢等：《四庫全書總目》卷 91《子部總敘》，第 769 頁。

生指出：「從重視農時這個傳統思想出發，過去許多農學家用月令的體裁寫出了農書，最早的要推崔寔的《四民月令》，以後像《四時纂要》《農桑衣食撮要》《經世民事錄》《農圃便覽》等等，層出不窮。」〔註60〕誠然，月令體裁對中國古代農書的編纂有著重要的影響，不僅有農學家所編纂的農書採用了月令的體裁，因中國傳統社會以農業經濟為主的經濟特點，諸多時令類文獻本身也混雜有農事的成分，因而時令類文獻在四部分類法就易於被歸入農家類中了。

　　再次，時令類典籍之不能繼續依附於農家類的原因就是時令類的發展壯大，已經漸漸脫離了農家類之宗旨。崔寔所著的《四民月令》無疑是完全可以繼續在農家類中存留的，並且當我們研究農書是，此類典籍亦是不可或缺的。但是隨著時令類典籍的發展，他們出現了新的體例或者發展趨勢，如宗懍所著的《荆楚歲時記》，他開創了歲時民俗志的記述體例，是我國第一部地域時間民俗志。宗懍採用《禮記·月令》、崔寔《四民月令》等「以時繫事」的時令書的體裁，借鑒東漢應劭《風俗通義》、晉周處《風土記》等專記風俗之書的特點，融會貫通，專記荆楚一地之歲時民俗，著成了《荆楚歲時記》一書。〔註61〕《荆楚歲時記》主要依據「人為」節日這一社會人文節點來描述民眾的時間生活，儘管人文時間點與自然時節、農業活動有著密切的關係，但它畢竟已自成系統，已成為服務民眾生活的時間標示體系，而這種以人文節點為標誌點的時間體制，與農書迥然不同。並且《荆楚歲時記》的體例為後世學者所認同，這樣的體例後世代有仿作誕生，如《秦中歲時記》《輦下歲時記》《歲華紀麗》《歲時廣記》《歲時雜記》《歲華紀麗譜》等，這些仿照《荆楚歲時記》的文獻形成了中國古代時令類典籍的另一個傳統，即「地方歲時記」，而「地方歲時記」與農書之間的關係越來越遠，且當此類典籍佔據了時令類典籍的半壁江山之後，時令類典籍與農家類典籍之間的距離亦是越來越遠，時令類與農家類之分離就成為必然。

基金項目：蘭州大學研究生課程體系提升計劃「文獻學基本理論與方法」

〔註60〕王毓瑚：《中國農學書錄》，中華書局，1958年版，第847頁。
〔註61〕蕭放：《〈荆楚歲時記〉研究》，北京師範大學出版社，2000年版，第152頁。